MUSTER DRUCKEN

Rebecca Drury und Yvonne Drury

Haupt

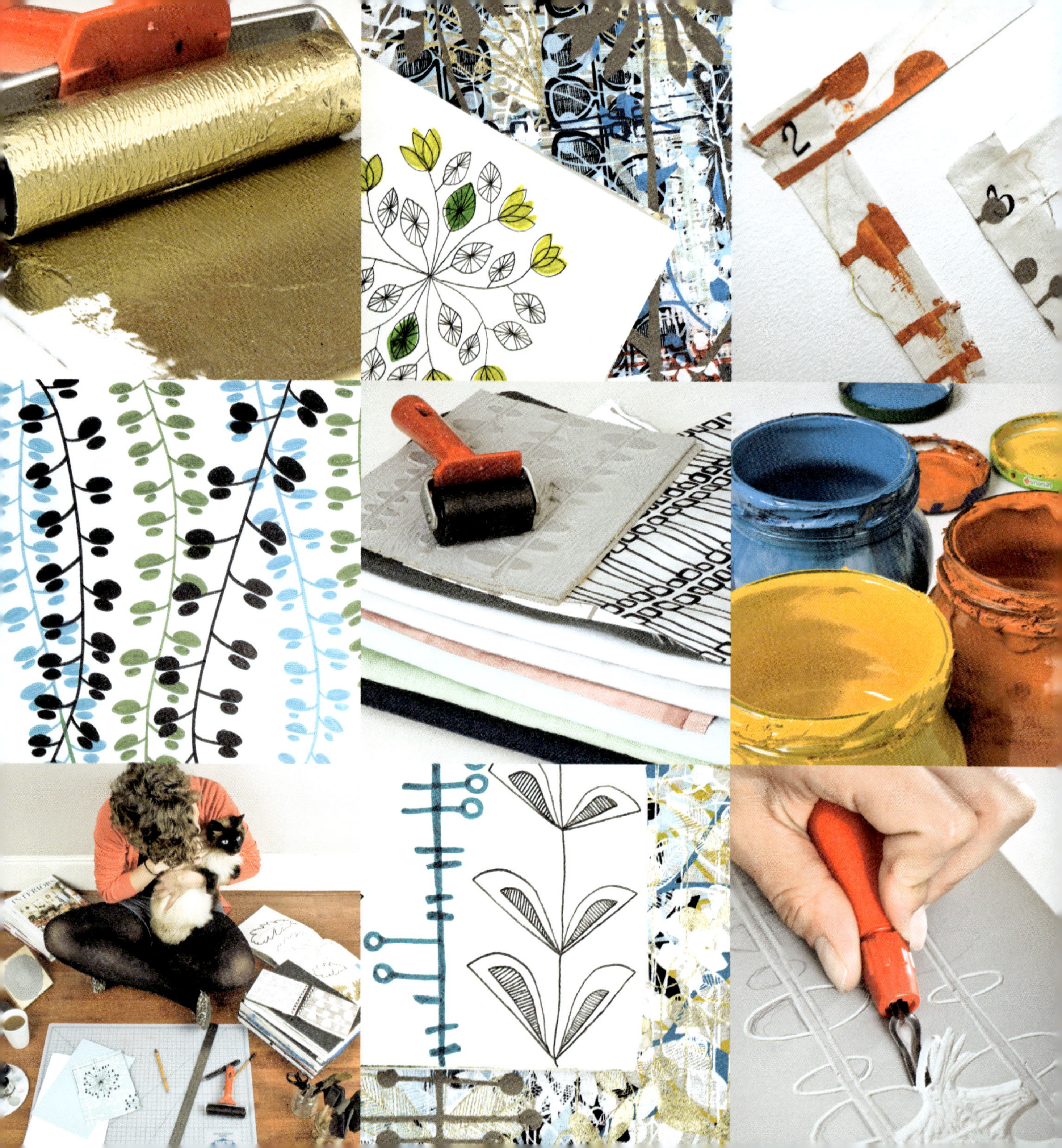

MUSTER DRUCKEN

Ideen und Projekte vom Stempel- zum Siebdruck

Rebecca Drury und Yvonne Drury

Haupt Verlag
Bern · Stuttgart · Wien

Die englische Originalausgabe erschien 2010 unter dem Titel *Printed Pattern* bei A&C Black Publishers Ltd, www.acblack.com.

Aus dem Englischen übersetzt von Sybille Heppner-Waldschütz, D-Königs Wusterhausen
Redaktion der deutschen Ausgabe:
Kirsten Rachowiak, D-München
Satz der deutschen Ausgabe:
Verlag Die Werkstatt, D-Göttingen
Umschlaggestaltung:
Verlag Die Werkstatt, D-Göttingen
Printed in China

Bibliografische Information der *Deutschen Nationalbibliothek*
Die Deutsche Nationalbibliothek verzeichnet diese Publikation in der Deutschen Nationalbibliografie; detaillierte bibliografische Daten sind im Internet über http://dnb.d-nb.de abrufbar.

ISBN: 978-3-258-60016-1

Wünschen Sie regelmäßig Informationen über unsere neuen Kunsthandwerk-Titel?
Möchten Sie uns zu einem Buch ein Feedback geben? Haben Sie Anregungen für unser Programm? Dann besuchen Sie uns im Internet auf www.haupt.ch.
Dort finden Sie aktuelle Informationen zu unseren Neuerscheinungen und können unseren Newsletter abonnieren.

Wir möchten dieses Buch all jenen widmen,
die uns über Jahre inspiriert und unterstützt haben.

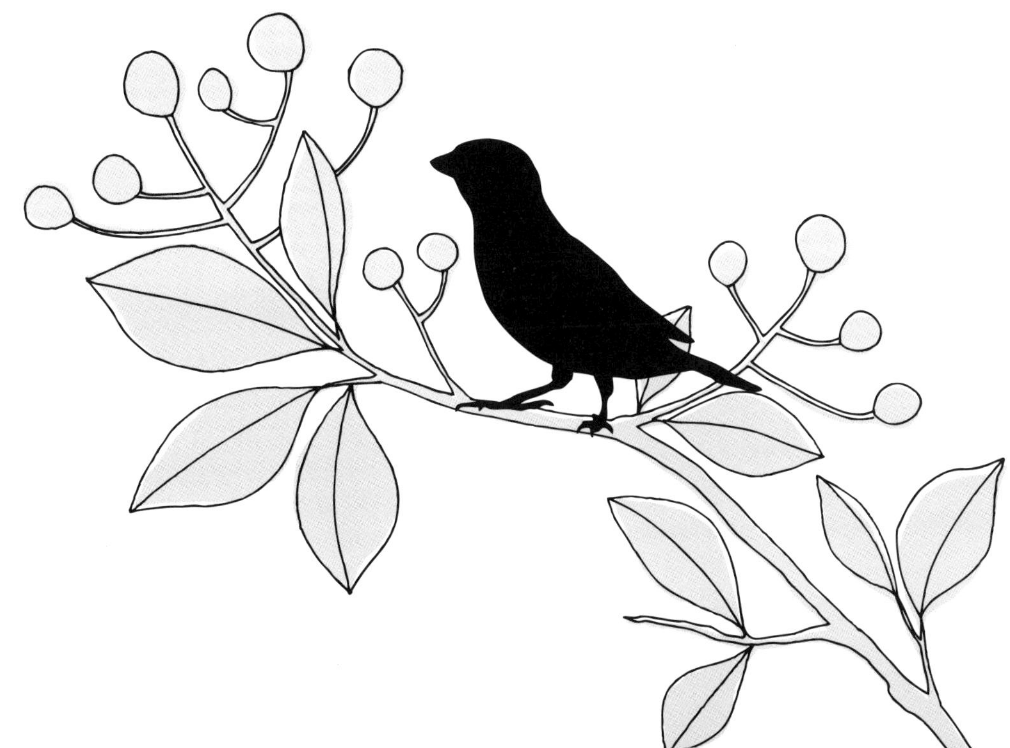

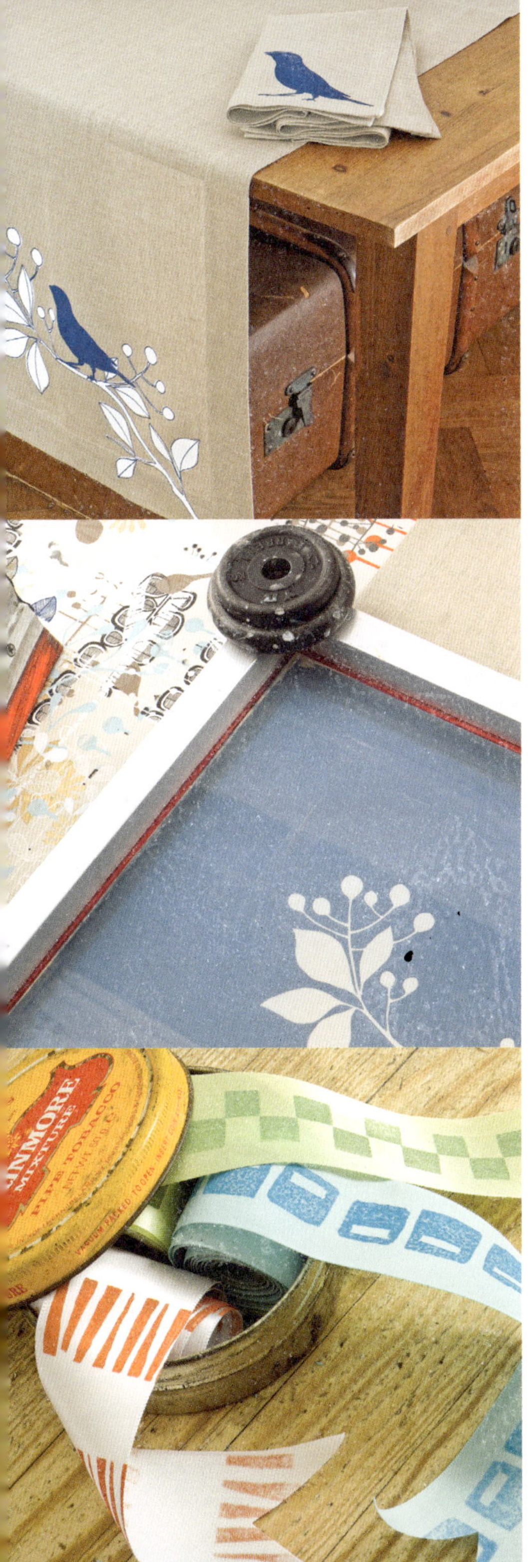

EINFÜHRUNG

Unsere Liebe gehört dem Anfertigen von Mustern und Entwürfen, da wir es einfach unglaublich spannend finden, neue Motive zu entwickeln und dann zu verfolgen, wie sie zu Gestaltungen heranreifen. Es lässt sich nie genau vorhersehen, wie ein Entwurf letztendlich ausfallen wird: Man hat eine Idee, die man zu einem Muster fortentwickelt, und – schwups! – schon ist eine neue Gestaltung geboren. Sie kann dann dazu verwendet werden, alltägliche Dinge in besondere Objekte zu verwandeln.

Muster lassen sich auf Flächen fast aller Materialien drucken, darunter Stoff, Papier, Pappe, Keramik, Glas und Holz. Oft ist es ganz einfach, die schönsten Effekte zu erzielen. Eine spezielle Ausstattung ist nicht immer erforderlich, da man Muster auch kostengünstig und effektiv zu Hause auf dem Küchentisch oder einer Arbeitsfläche selbst drucken kann. Das Spektrum an Mustern, die man herstellen kann, ist enorm und reicht vom Linoldruck mit seinem typischen reich strukturierten Druckbild bis hin zum Siebdruck mit seinen klaren, scharfen Konturen.

Das vorliegende Buch enthält einfache Schritt-für-Schritt-Anleitungen für Projekte und Methoden verschiedener Art. In erster Linie steckt es jedoch voller Anregungen und Ideen. Indem wir Ihnen zeigen, wie leicht es sein kann, eindrucksvolle Ergebnisse zustande zu bringen, möchten wir Sie dazu anregen, sich die Welt des Kreierens und Druckens von eigenen Mustern zu erschließen. Haben Sie erst einmal begonnen, mit verschiedenen Techniken zu experimentieren, werden Sie schnell erkennen, dass Ihnen schier unendlich viele Möglichkeiten offenstehen. Ein solches Experimentieren ist unverzichtbar, da es Ihnen dabei hilft, sich mit den einzelnen Verfahren vertraut zu machen. Die Projekte, die wir in diesem Buch in Wort und Bild vorstellen, sollen Ihnen als Ausgangspunkt für eigene Entwürfe dienen und sind als Unterstützung und Ermutigung auf Ihrem Weg zu Ihrem eigenen Stil gedacht.

Wir können Ihnen garantieren, dass Ihnen bei der Arbeit Fehler unterlaufen werden, da selbst die erfahrensten Designer und Drucker nicht gegen sie gefeit sind. Tragen Sie es also nach Möglichkeit mit Fassung, wenn Ihnen einmal ein Missgeschick passiert. Beim Drucken von Hand liegen Fehler in der Natur der Sache, die Dinge entwickeln sich einfach nicht immer erwartungsgemäß. Fehler sollten Sie nicht negativ bewerten, da Sie aus ihnen lernen und so Ihre Fertigkeiten verbessern können. Indem Sie sich damit auseinandersetzen, was schief gelaufen ist und weshalb, gewinnen Sie ein tieferes Verständnis für Techniken und Abläufe. Gelegentlich werden Sie sogar angenehm überrascht sein, wenn sich ein nicht geplantes Resultat als wahrer Glücksfall entpuppt – ein unerwartetes Ergebnis, das sich als absolut fantastisch erweist.

Sie benötigen keinerlei Erfahrungen oder Vorkenntnisse, um sich an die hier vorgestellten Projekte zu wagen. Dieses Buch eignet sich für jedermann, sowohl für den blutigen Anfänger als auch den Fortgeschrittenen. Es soll Sie dabei unterstützen, Ihre Fertigkeiten und Ihr Selbstvertrauen weiterzuentwickeln. Wir glauben, dass jeder Mensch ein gewisses Maß an Kreativität besitzt, und würden uns freuen, wenn dieses Werk dazu beitragen würde, Ihr schöpferisches Potenzial freizusetzen. Also machen Sie sich unbesorgt ans Drucken!

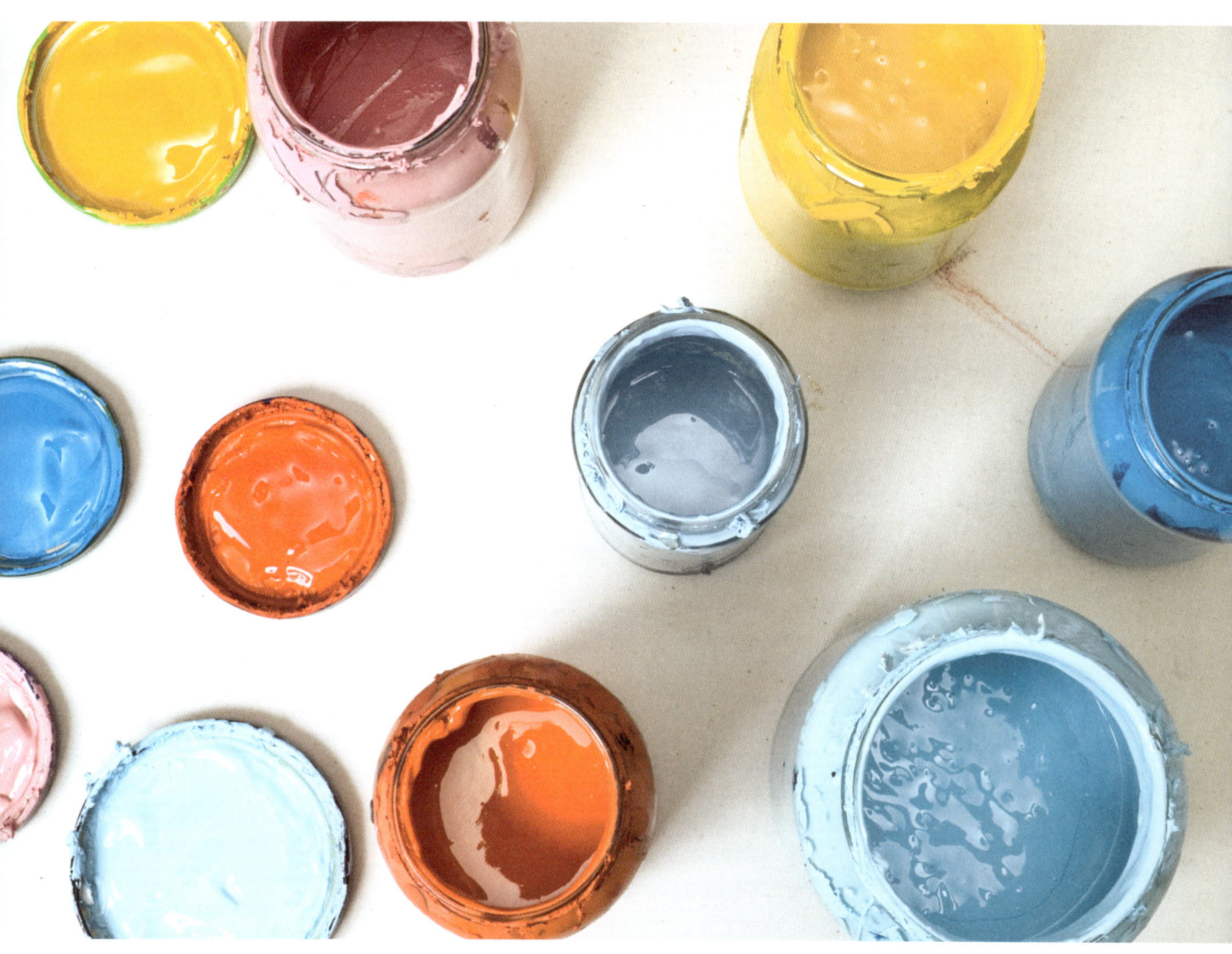

INSPIRATION

Inspiration umgibt uns von allen Seiten, denn Farben, Formen, Motive, Muster und Strukturen finden sich alle sowohl in der Natur als auch in der von Menschenhand geschaffenen Umgebung. Um unsere Umwelt als potenzielle Inspirationsquelle zu begreifen, müssen wir uns nur die Zeit nehmen, um eine kurze Pause einzulegen und genau hinzusehen. Meist sind wir so damit beschäftigt, mit unseren Aktivitäten voranzukommen und von einem Ort zum anderen zu hetzen, dass wir schlicht nicht zu bemerken scheinen, was um uns herum vorhanden ist. Halten Sie also für eine Sekunde inne und gönnen Sie sich einen zweiten Blick, sei es in Ihrem Garten, auf dem Weg zur Arbeit oder beim Einkaufen. Interessante und ungewöhnliche Muster, Motive, Strukturen und Farbkombinationen erwarten Sie fast überall! Sie werden überrascht sein, was Sie alles entdecken, wenn Sie erst einmal angefangen haben, die Dinge genau zu betrachten, und werden vielleicht feststellen, dass Sie es gar nicht mehr lassen können.

Bei einem einfachen Blatt oder einer schlichten Blüte tragen viele verschiedene Aspekte zur Schönheit der Kontur, Form, Farbe und Struktur bei. Ist Ihre Gestaltung von der Natur inspiriert, wird sie sehr wahrscheinlich organisch wirken. Beruht sie dagegen auf Anregungen durch künstliche Vorbilder oder eine städtische Umgebung, kann es gut sein, dass Ihr Entwurf grafische Linien und geometrische Formen beinhaltet. Quellen zur Inspiration gibt es überall. Lassen Sie also Ihrer Schaffenskraft freien Lauf und begnügen Sie sich nicht mit einem ersten, flüchtigen Blick. Zerreißen Sie die kommerziellen Farbpaletten und werden Sie selbst kreativ, indem Sie sich der Farbpalette der Natur bedienen sowie der Objekte und Strukturen, von denen Sie tagtäglich umgeben sind.

Wenn Sie Ihre eigenen, von Ihrer Umgebung inspirierten Motive und Muster entwerfen, hat dies zur Folge, dass Ihre Werke höchst individuell und für Sie selbst charakteristisch sind. Sie sind Ausdruck Ihrer Persönlichkeit und ermöglichen Ihnen, den Gegenständen, die Sie herstellen und dekorieren, Ihren Stempel aufzudrücken. Entscheiden Sie sich andererseits dafür, auf vorgefertigte Muster und Motive wie die im letzten Teil dieses Buches zurückzugreifen, so werden Sie auch in diesem Fall einzigartige Ergebnisse erhalten, da Sie ja die Motive und Farben selbst auswählen und die Muster von Hand drucken und herstellen. Sowohl Ihre Anordnung und Platzierung der Motive als auch die Farben und Formen sind individuell. Dies alles mündet dann in ein einzigartiges, handgefertigtes Objekt.

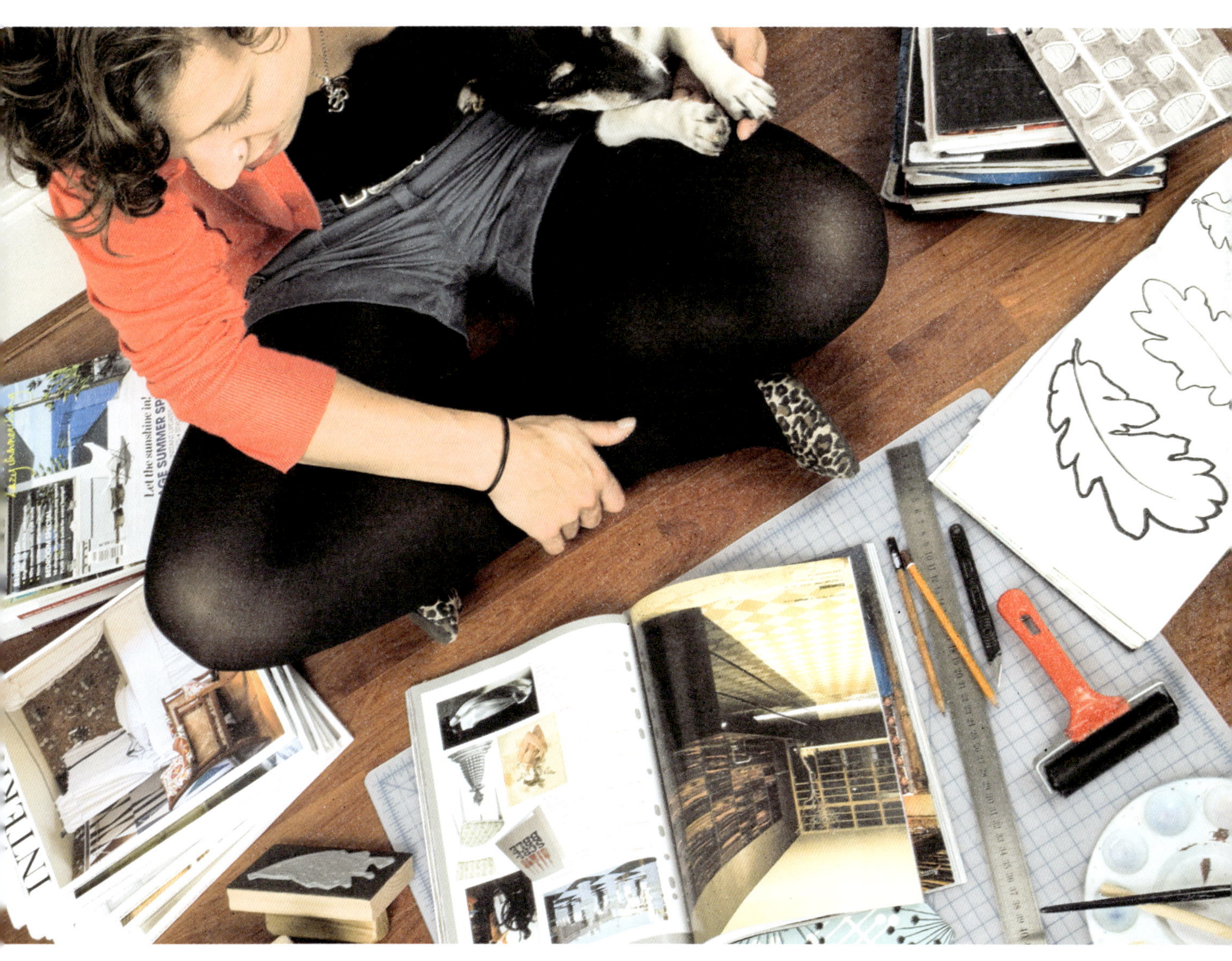
Let the sunshine in!

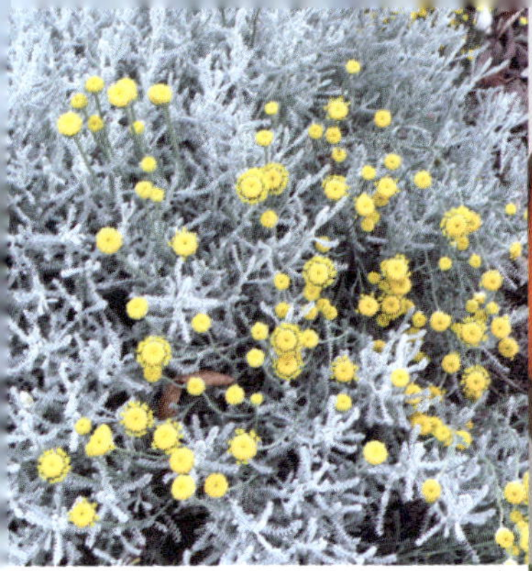

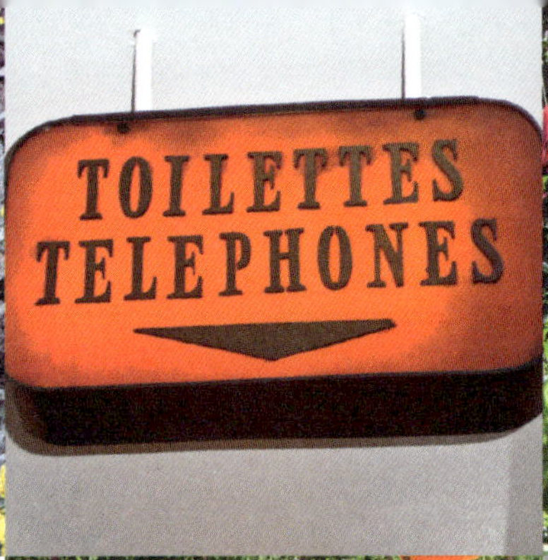

TOILETTES
TELEPHONES 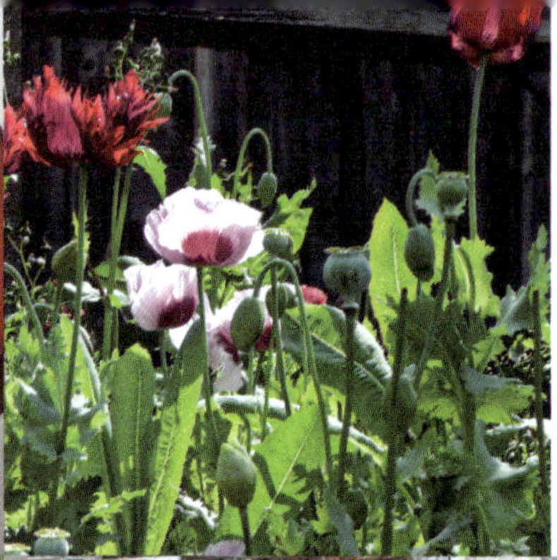 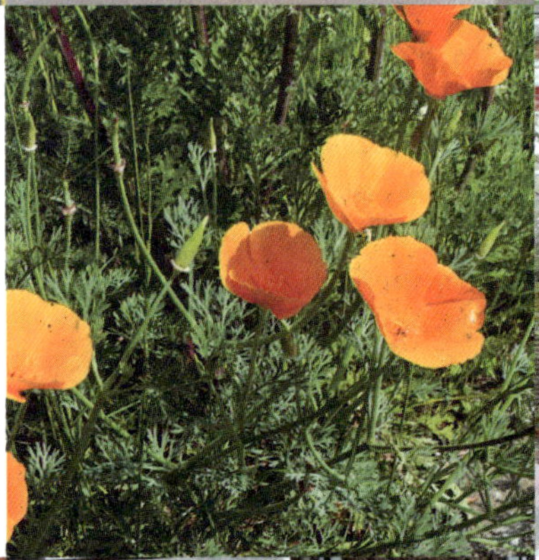
184 3/4 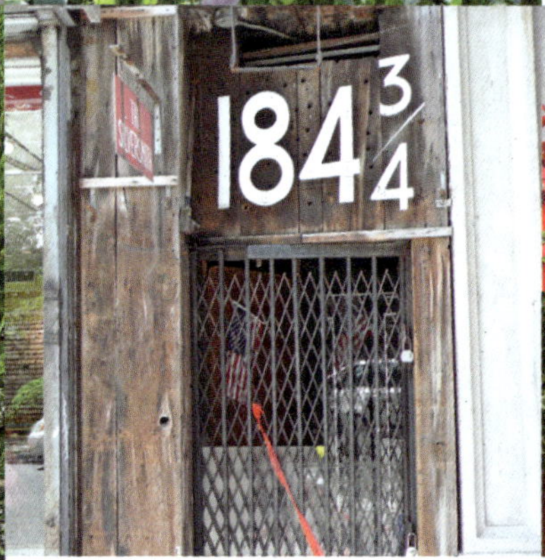
LAUNDRY
AND
DRY CLEANERS 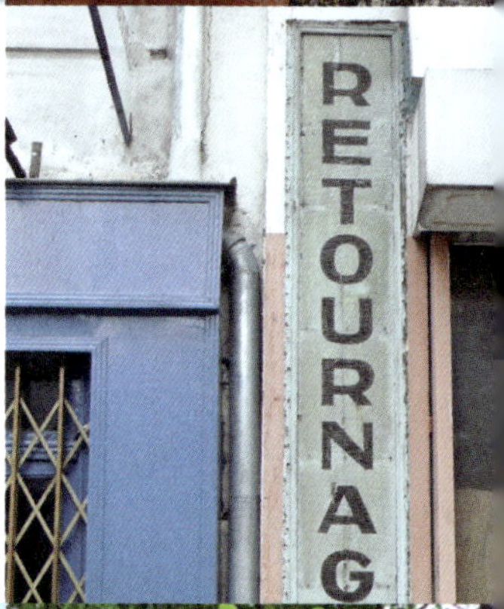
302
RETOURNAG
ALEX 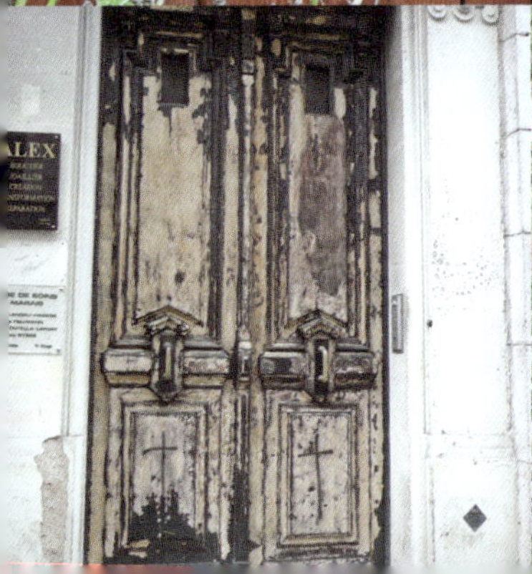 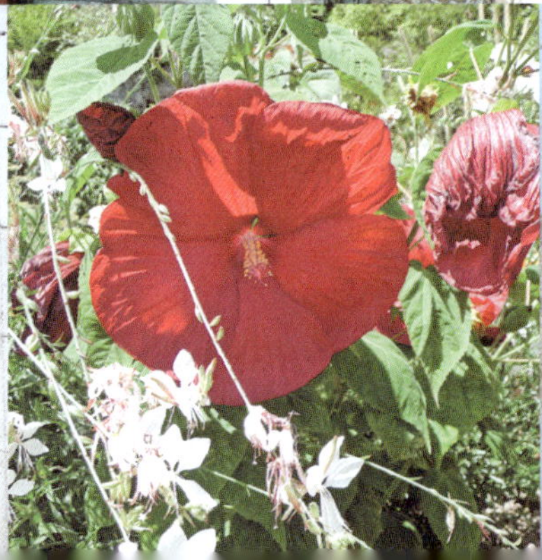
182429

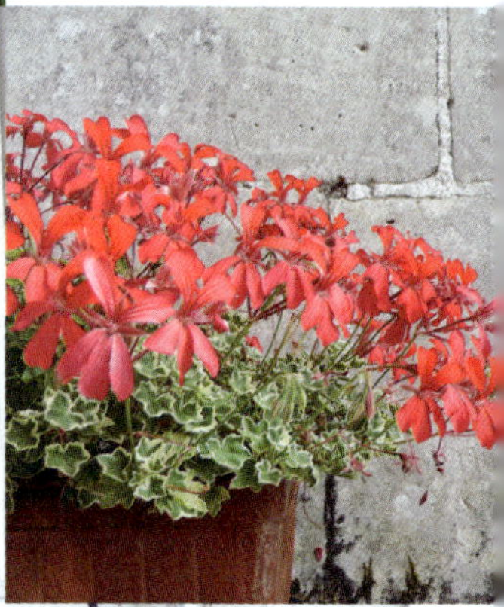

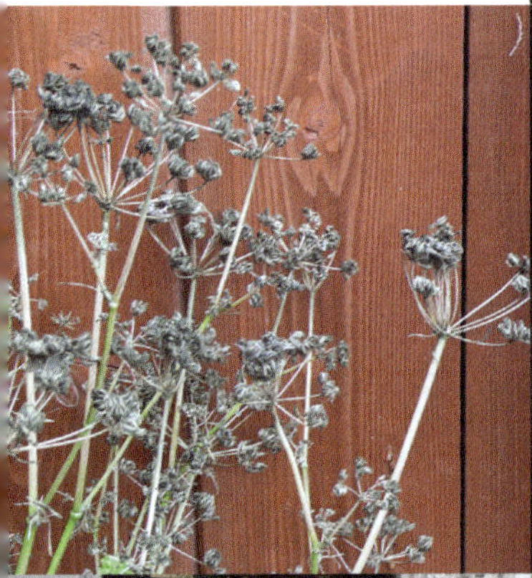

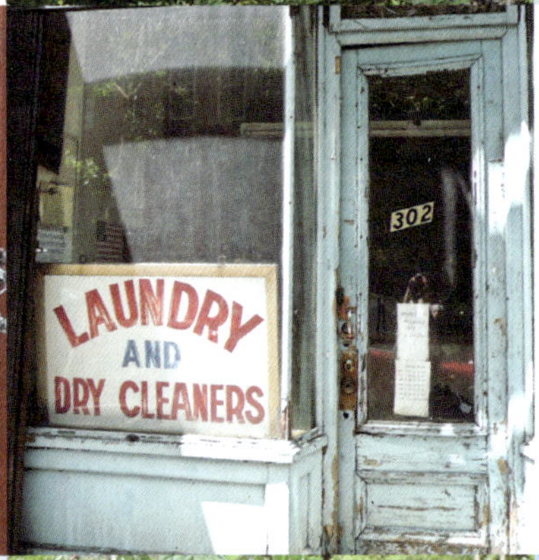

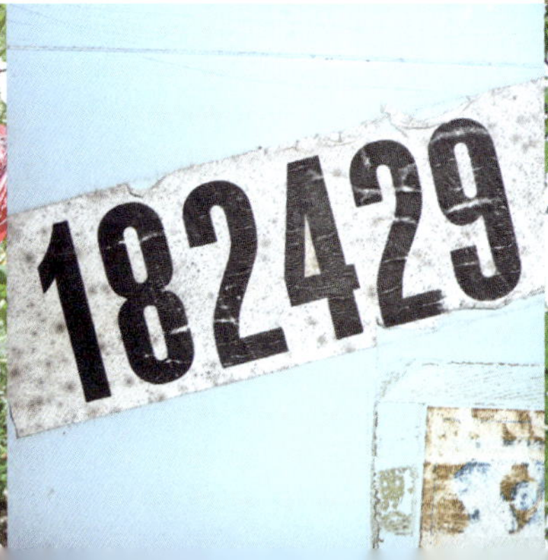

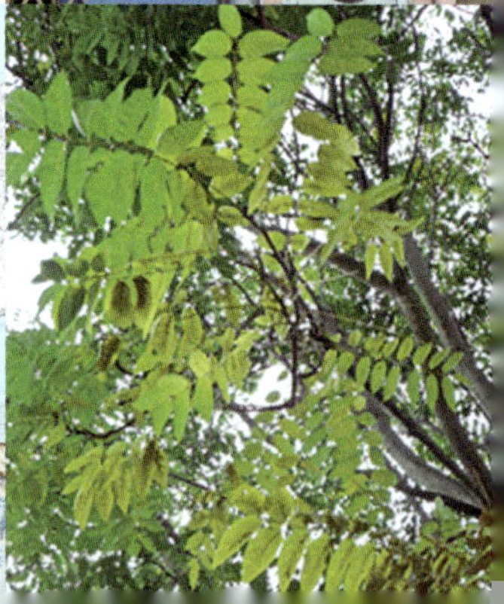

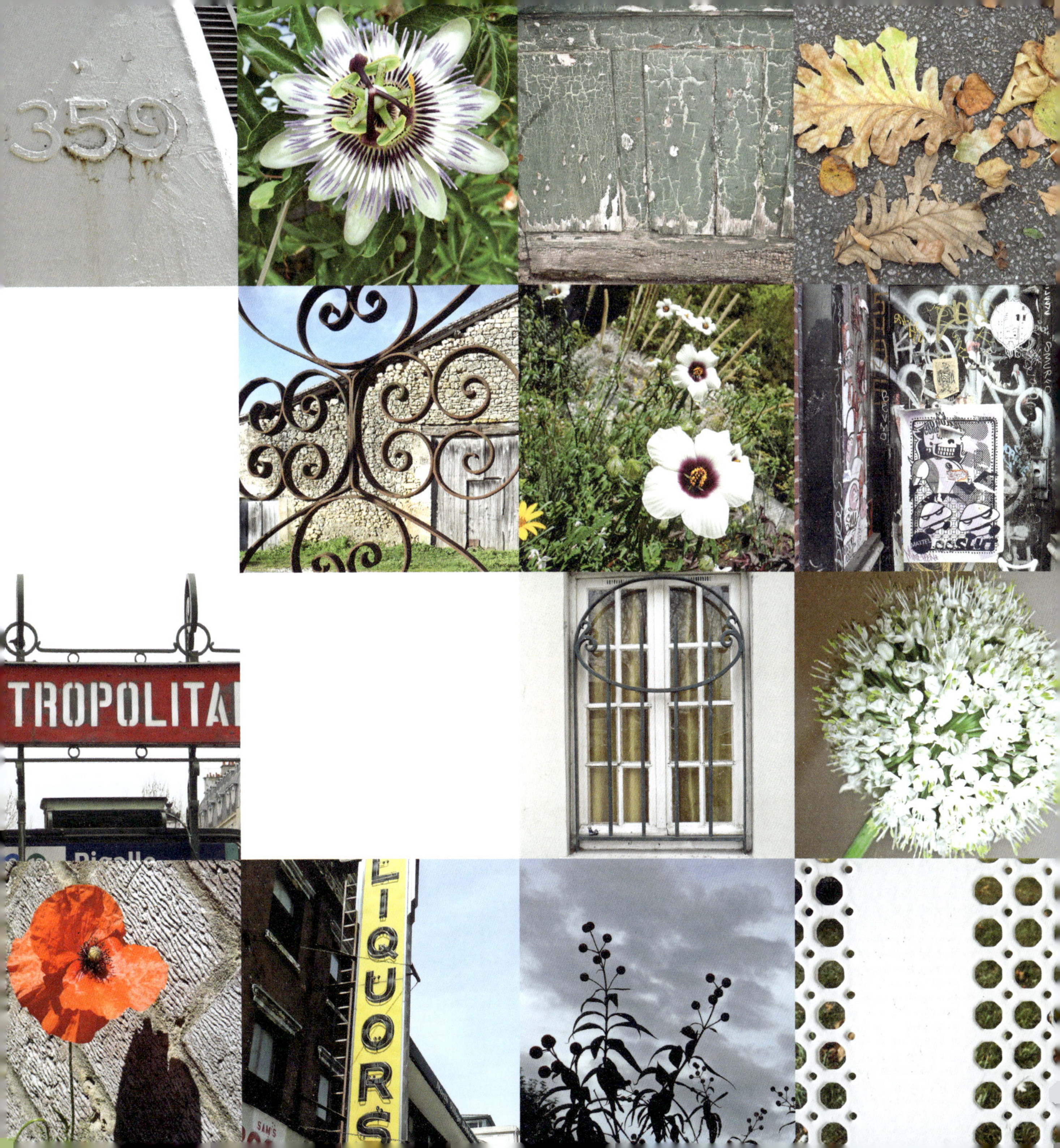
359
TROPOLITA
LIQUORS

IDEEN ENTWICKELN

Bildmaterial zusammenstellen

Der erste Schritt auf dem Weg zu eigenen Entwürfen besteht darin, Sammlungen von inspirierendem Bild- und anderem Anschauungsmaterial anzulegen. Dabei kann es sich um Skizzen, Zeichnungen, Fotos oder Fundstücke handeln. Um aus einer solchen Sammlung eine Entwurfsidee zu entwickeln, erstellen Sie ein Moodboard und legen ein Skizzenbuch an.

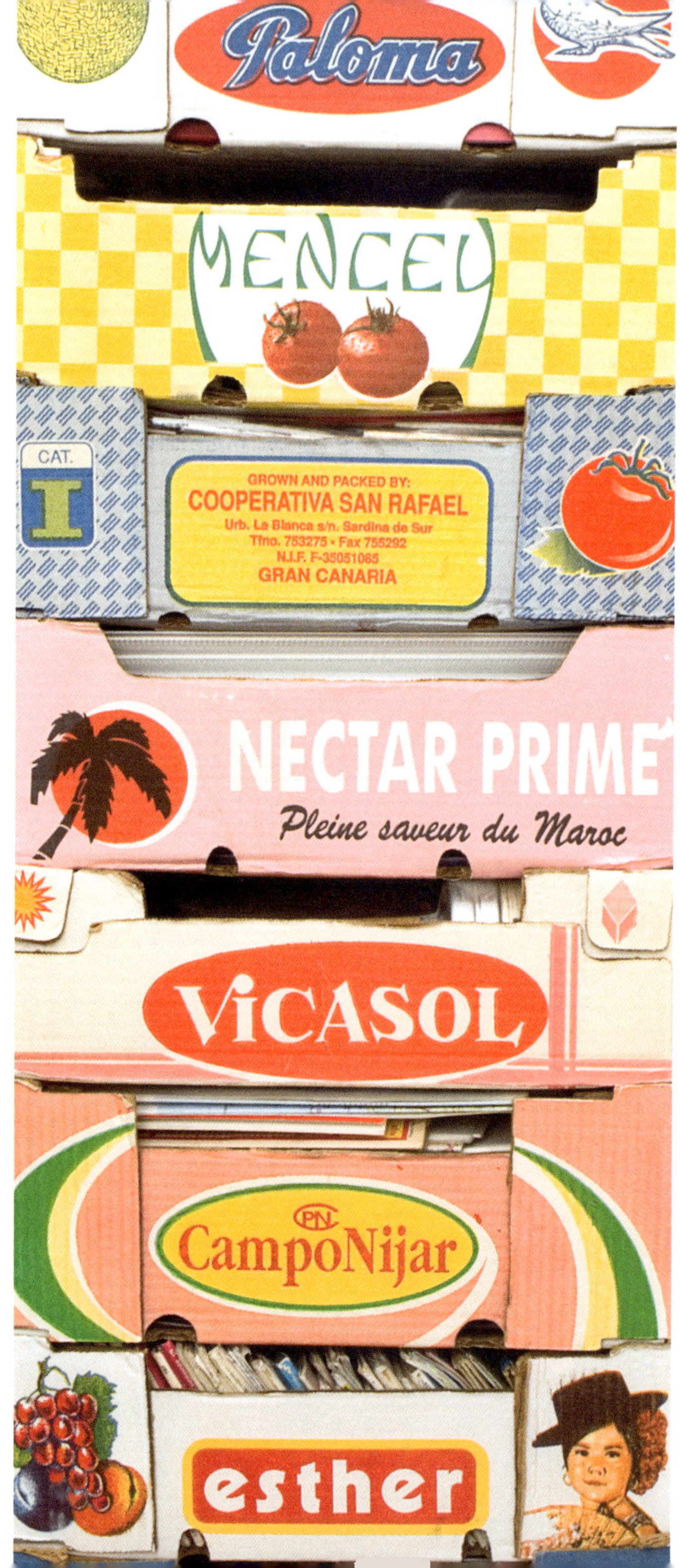

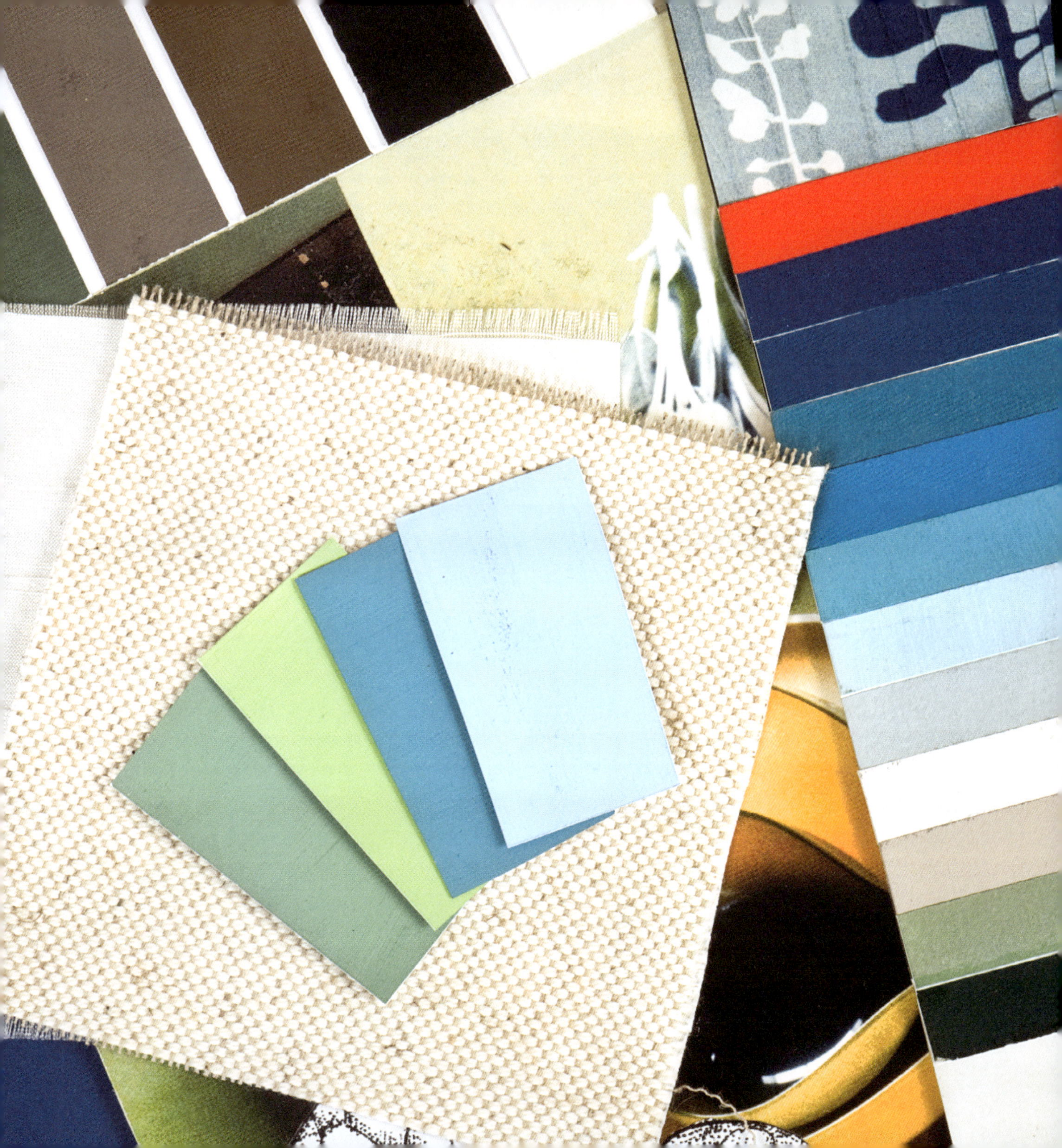

EIN MOODBOARD ERSTELLEN

Unter einem Moodboard versteht man eine Collage aus Bildmaterial, Text oder Schrift, Farben und Formen. Es besteht aus visuellen Informationen, die Stil und Wesen Ihrer Idee bzw. Ihres Konzepts einfangen. Sie können ein breites Spektrum von Quellen einbeziehen, etwa Ausdrucke, Zeitschriftenausschnitte, Fotos, Strukturen, Stoffe und Farbpaletten oder Farbschnipsel. Die gesammelten Gegenstände und Materialien werden zum Erstellen eines Moodboards sorgfältig auf Papier oder Pappe angeordnet und befestigt. Solche Moodboards haben in der Regel ein DIN-A2- oder DIN-A3- Format.

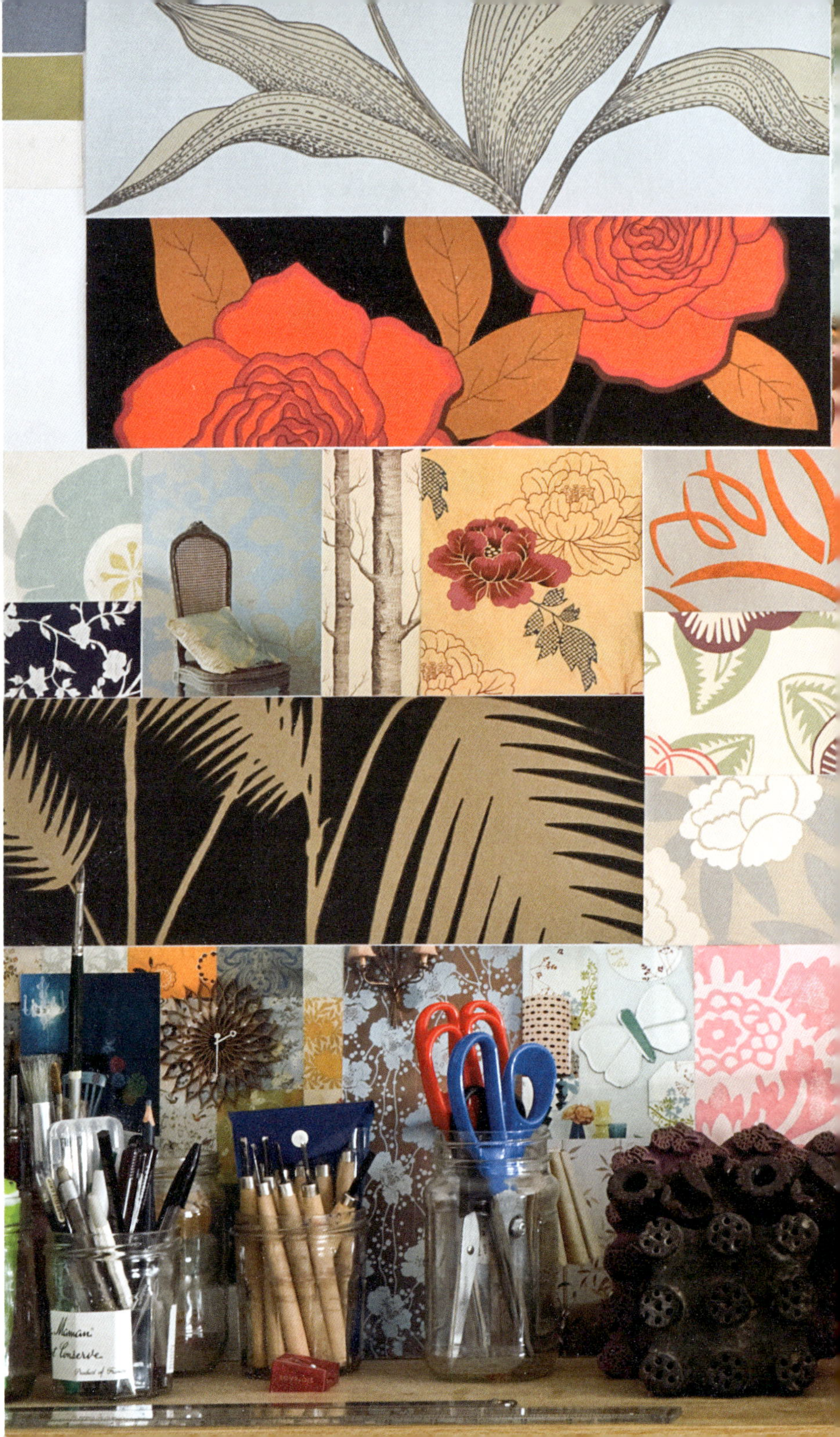

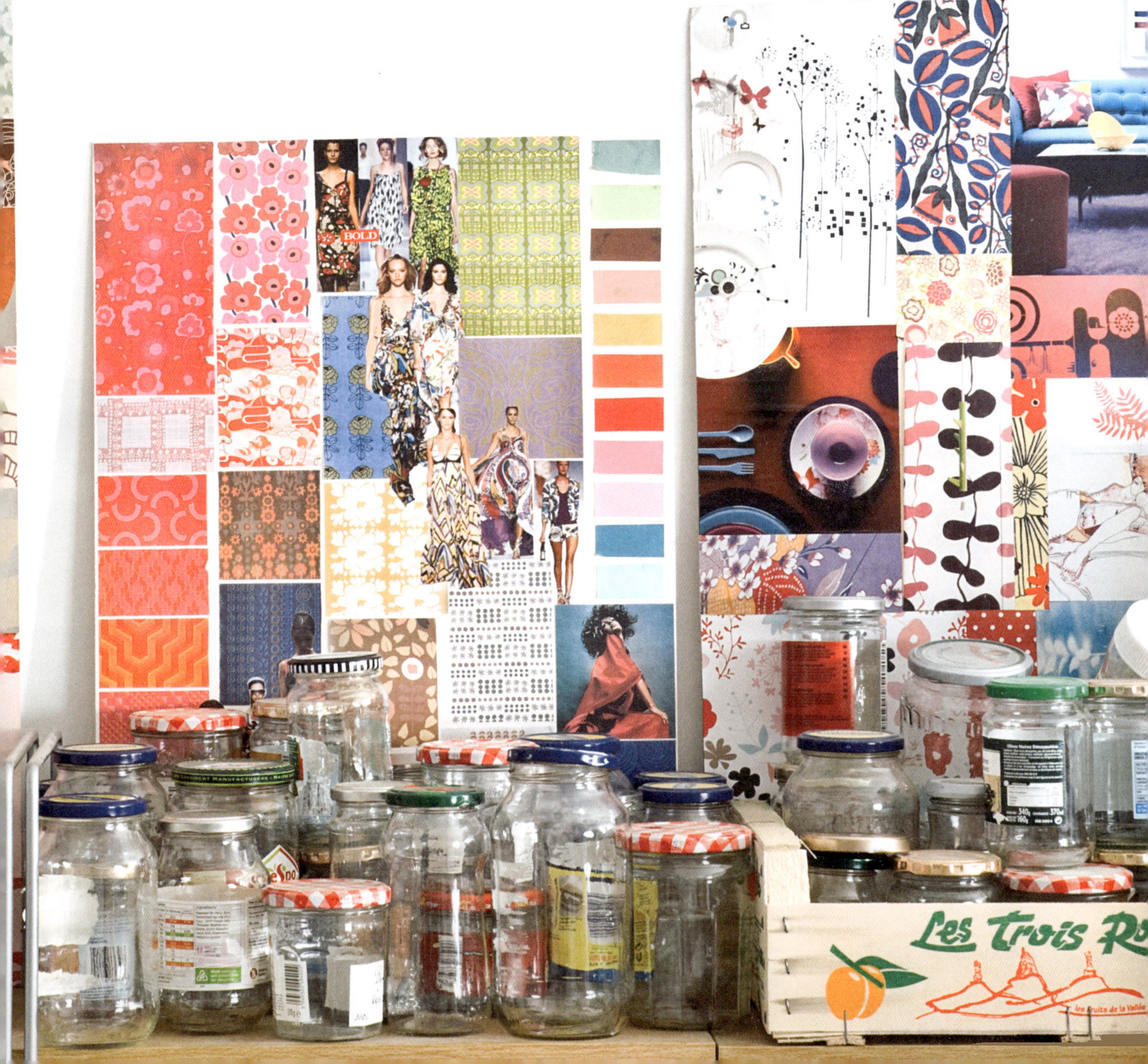
BOLD
Les Trois

SKIZZENBÜCHER

Um Ihre Ideen zusammenzustellen, können Sie ein Skizzenbuch verwenden. Machen Sie sich Notizen, fertigen Sie Skizzen an und kleben Sie Fotos und Bildmaterial aus Zeitschriften in das Buch. Es ist quasi Ihr persönliches visuelles Tagebuch. Skizzenbücher sind in verschiedenen Größen erhältlich. Ein kleines Exemplar im DIN-A5-Format lässt sich sogar noch in der Hosen- oder Jackentasche problemlos mit sich führen, ein großes Exemplar im DIN-A4- oder DIN-A3-Format ist eher etwas für zu Hause und zum Ausarbeiten Ihrer Einfälle gut geeignet. Es gibt eigentlich keine Regeln: Wählen Sie daher einfach die Größe, die Ihnen am meisten zusagt.

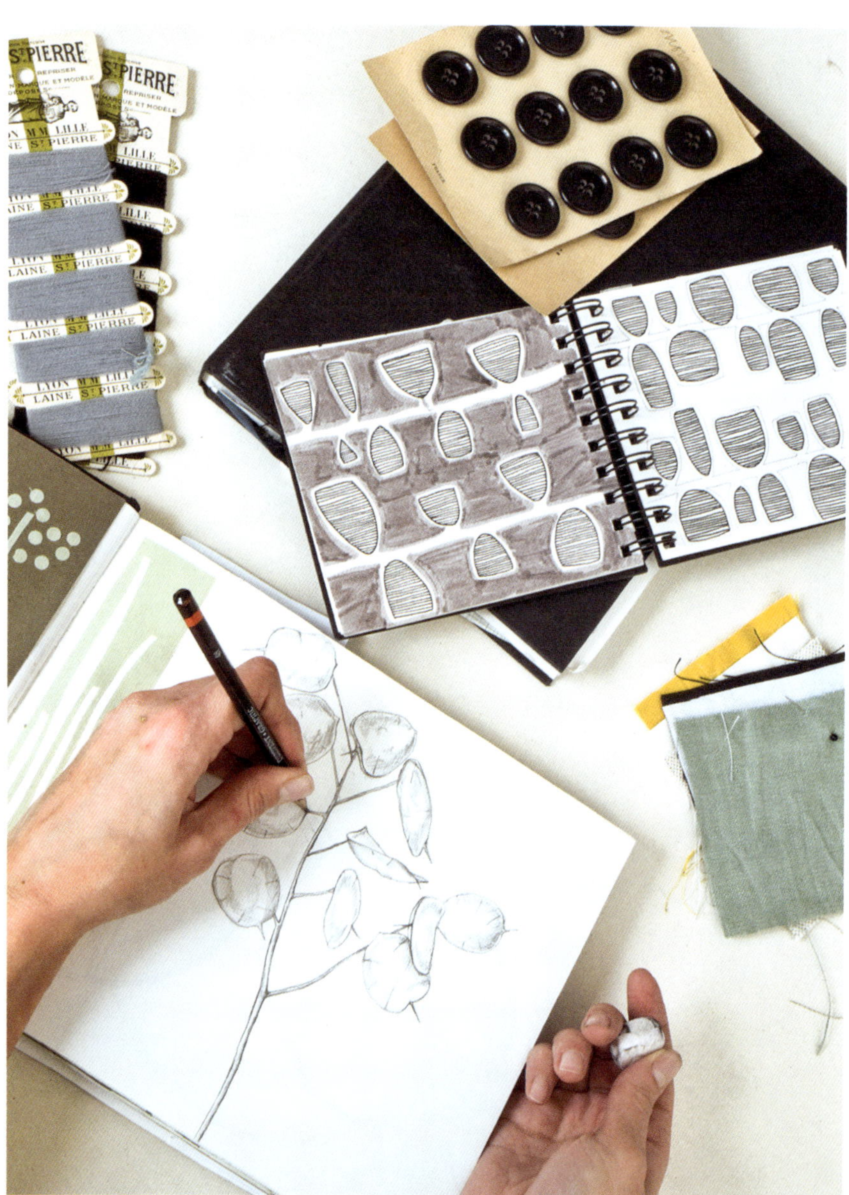

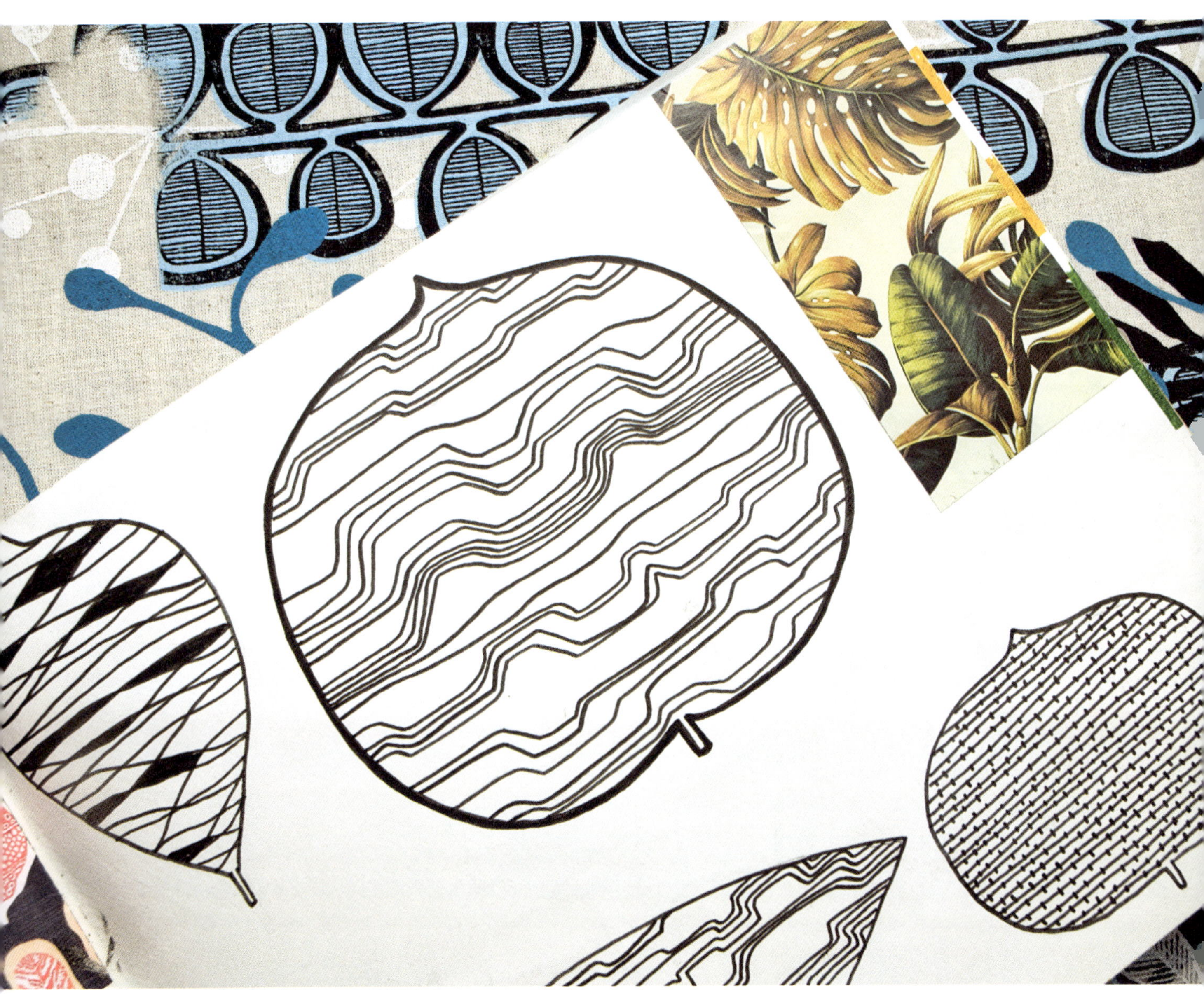

KOMPOSITION UND LAYOUT

Zu Beginn der Arbeit an Ihrem Entwurf müssen Sie sich überlegen, welche Komposition und welches Layout Sie für die Gestaltung anstreben. Der Entwurf sollte aus einem Guss sein, ohne störende Lücken oder Abstände, weshalb Sie auf die Räume zwischen den Motiven und Mustern achten müssen. Lassen Sie möglichst die Finger von allzu komplizierten Layoutideen, da die einfachsten Formen oft auch die wirkungsvollsten sind. Es geht im Grunde nur darum, ein Gleichgewicht zwischen Detailliertheit und Einfachheit zu finden. Auch dies wird Ihnen mit zunehmender Übung immer leichter fallen. Sehen Sie sich andere Entwürfe an, die Ihnen gefallen, und versuchen Sie zu analysieren, weshalb sie Sie von ihrer Komposition und ihrem Layout her überzeugen. Es gibt viele verschiedene Arten von Layouts, beispielsweise Streifen, Bordüren, Einzelmotive oder Flächenmuster.

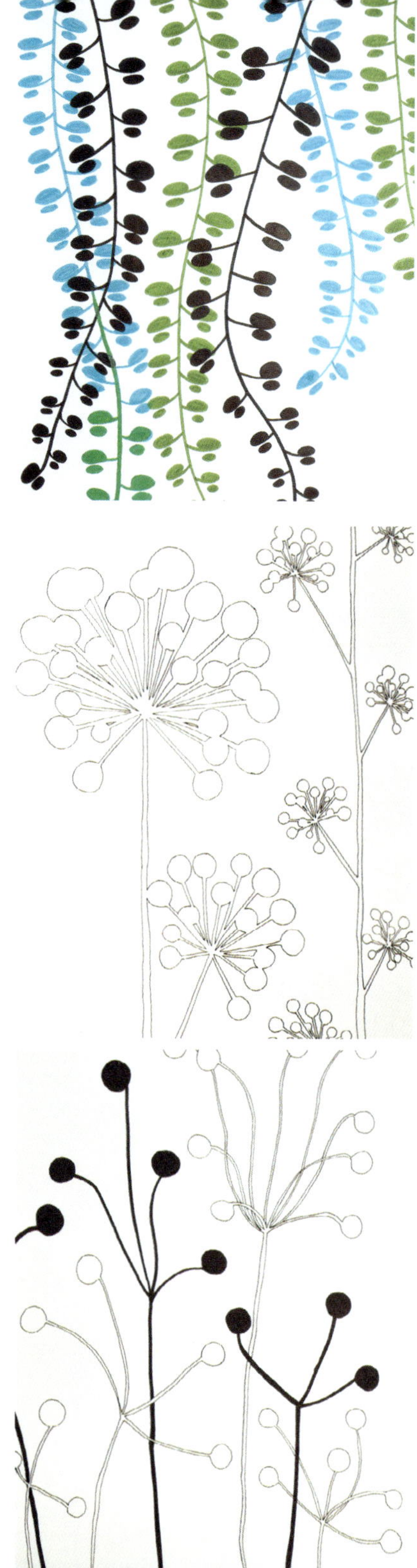

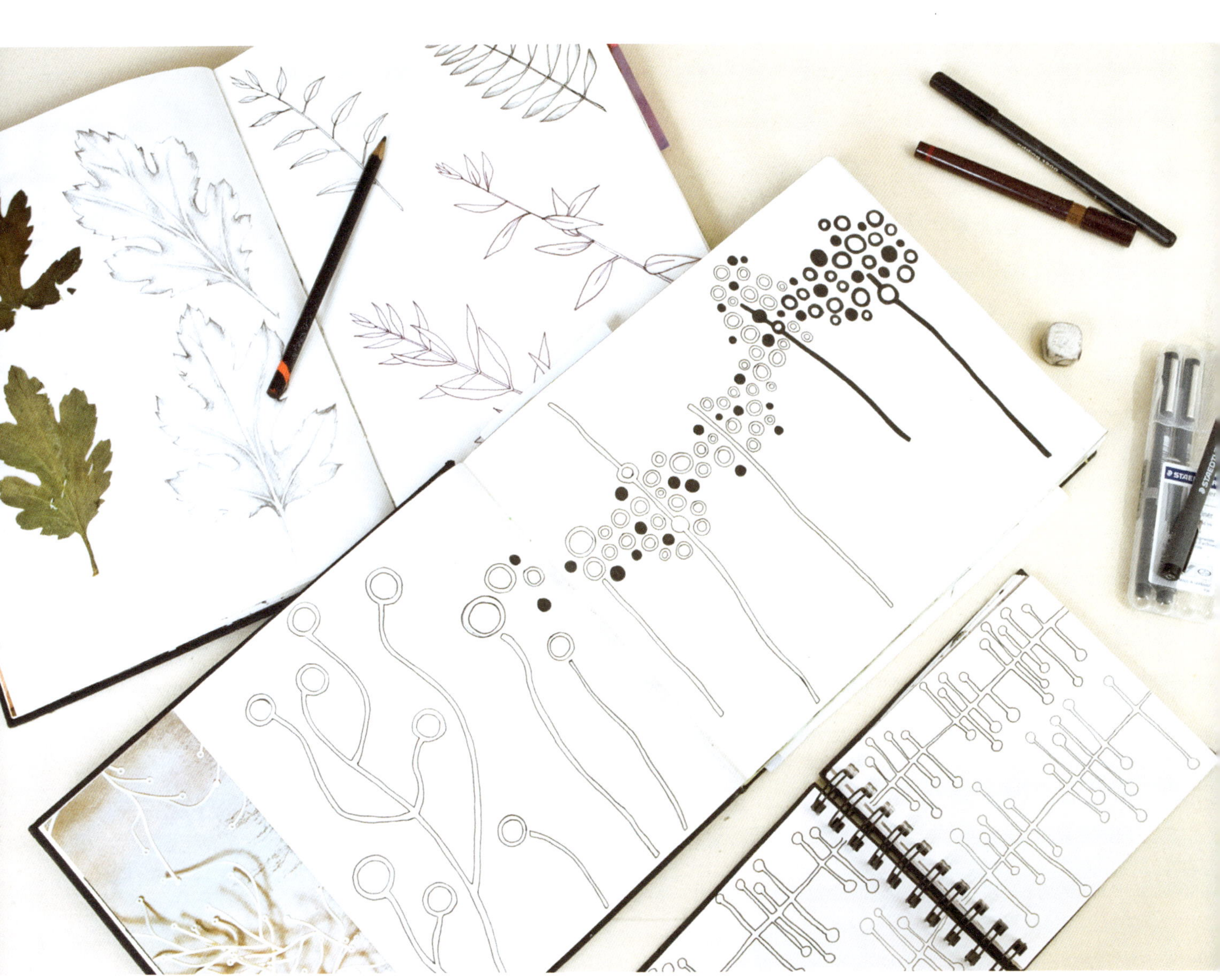

VORBEREITUNGEN

Es ist wichtig, dass Sie alles gut vorbereiten, ehe Sie sich an die Arbeit machen. Sie benötigen zwar keine kostspielige Ausstattung, aber doch ein paar unverzichtbare Werkzeuge und Materialien.

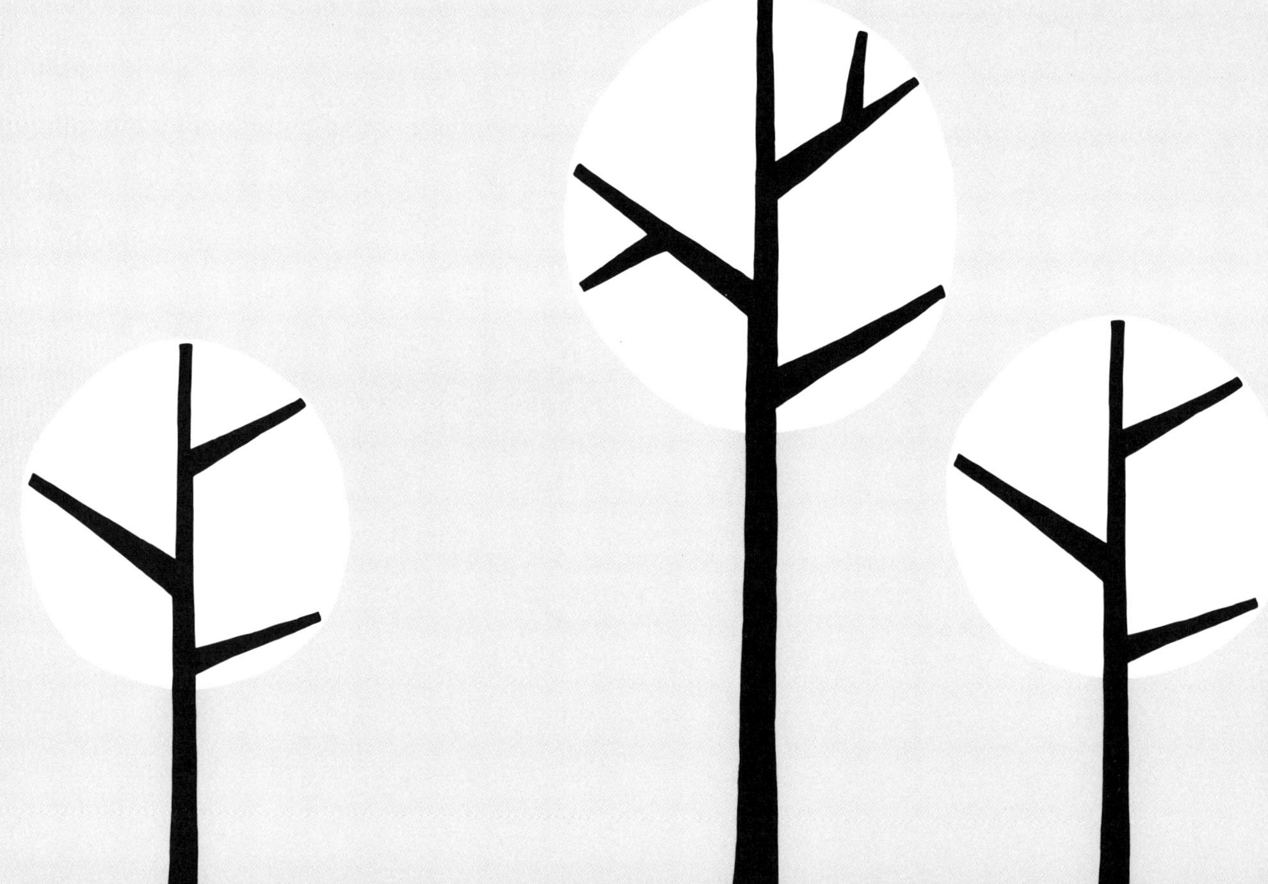

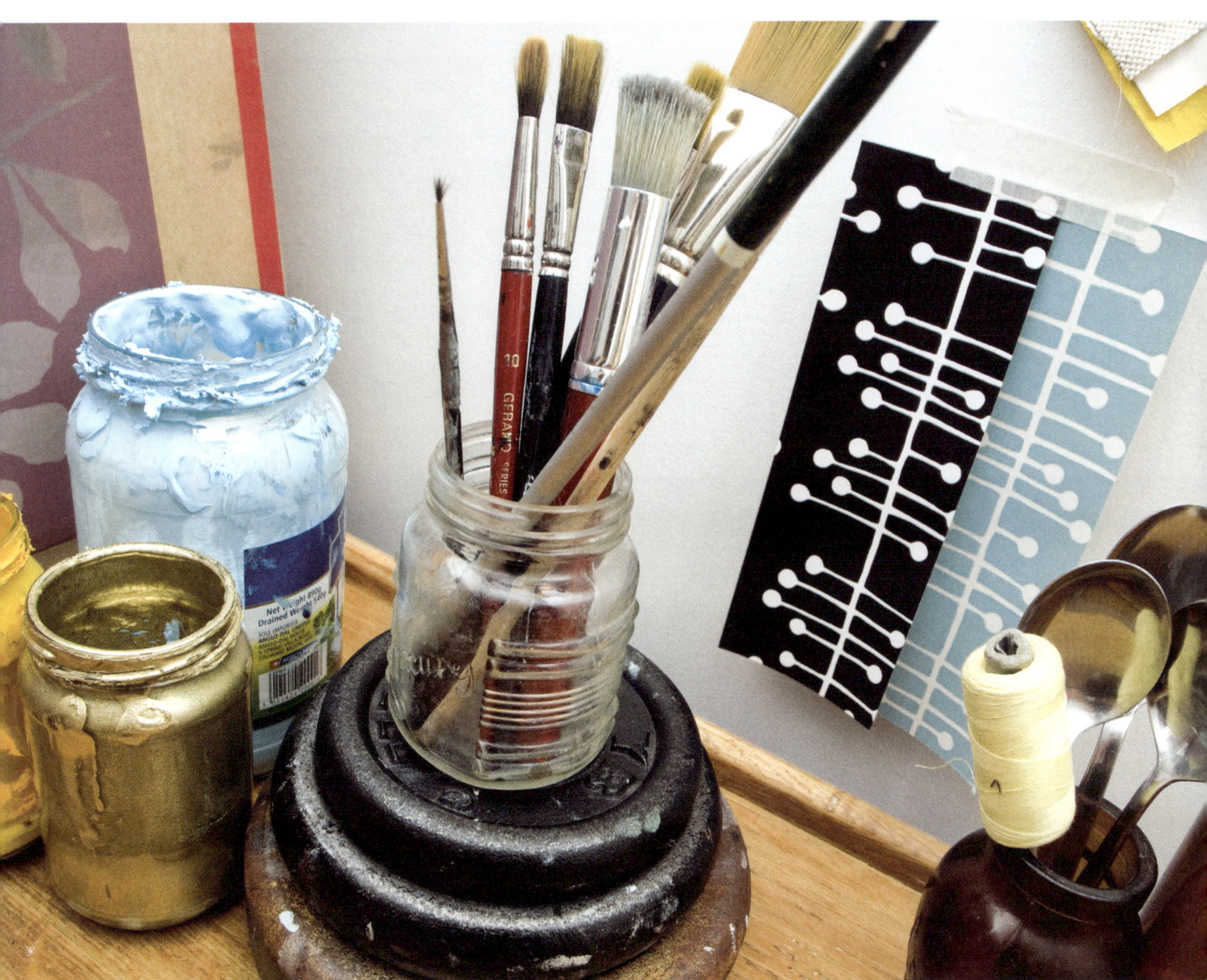

ARBEITSFLÄCHE

Ein spezieller Tisch für den Handdruck ist nicht erforderlich, Ihr Küchen- oder Esstisch oder eine Arbeitsplatte in der Küche genügen vollauf. Sie können sogar auf dem Fußboden drucken, wenn Sie über keinen geeigneten Tisch verfügen. Falls damit zu rechnen ist, dass Sie über einen längeren Zeitraum hinweg mit Drucken beschäftigt sein werden, sollten Sie jedoch berücksichtigen, dass beim Drucken eine bequeme Arbeitshaltung wichtig ist. Sie sollten sich bei der Arbeit nicht ständig weit vorbeugen oder anstrengen müssen, da Sie sonst Gefahr laufen, sich Rückenbeschwerden einzuhandeln.

Was Sie benötigen, ist eine plane, ebene Arbeitsfläche, die zum Bedrucken von Papier oder Pappe auch ruhig hart sein darf. Wollen Sie jedoch Stoff bedrucken, insbesondere mit einer Siebdruckform, sollte Ihre Arbeitsfläche ein wenig weicher sein, das heißt etwas nachgiebig. Dies erreichen Sie am einfachsten, indem Sie die Arbeitsfläche polstern. Eine Decke auf den Tisch gelegt, darüber ein baumwollenes Laken oder ein Stück Nessel straff gespannt und auf der Unterseite der Tischplatte befestigt, und schon haben Sie eine sehr gute Lösung. Noch besser wäre es allerdings, Sie würden statt der Tischplatte eine Sperrholzplatte, Spanplatte oder MDF-Platte (mitteldichte Faserplatte) mit der Decke und dem Nessel polstern. Den Nessel müssen Sie so straff ziehen, dass er absolut faltenfrei liegt, und dann auf der Unterseite der Platte festtackern. So verfügen Sie stets über eine Arbeitsfläche zum Drucken, die Sie nur auf einen Tisch, eine Arbeitsplatte oder den Fußboden zu legen brauchen, um dann sofort anfangen zu können!

GRUNDAUSSTATTUNG

Sie benötigen

Wasser: Stellen Sie sicher, dass es in der Nähe Ihres Arbeitsplatzes fließendes Wasser gibt. Sie benötigen Wasser zum Reinigen Ihrer Werkzeuge und Ausrüstung – eine Küchenspüle, Dusche oder Badewanne sind alle bestens dafür geeignet.

Abdeckpapier/Zeitungspapier: Legen Sie sich einen großen Vorrat an Papier zum Abdecken zu, da sich Ihre Arbeitsfläche damit wunderbar schützen lässt.

Tücher/Lappen/Papier/Küchenpapier: Sie leisten beim Saubermachen hervorragende Dienste. Tücher und Lappen können Sie nie genug haben!

Schere oder Cutter mit scharfer Klinge

Alte Löffel und Schraubgläser: Sie eignen sich gut zum Anmischen und Aufbewahren Ihrer Tinten und Farben. Fangen Sie schon mal an zu sammeln!

Schürze/alte Kleidungsstücke und Handschuhe: Es empfiehlt sich immer, beim Drucken eine Schürze oder alte Kleidung zu tragen – man kann sich dabei ziemlich schmutzig machen!

Abdeckband

Haartrockner: Mit einem Haartrockner lassen sich Drucke und Ausrüstung hervorragend und zeitsparend trocknen.

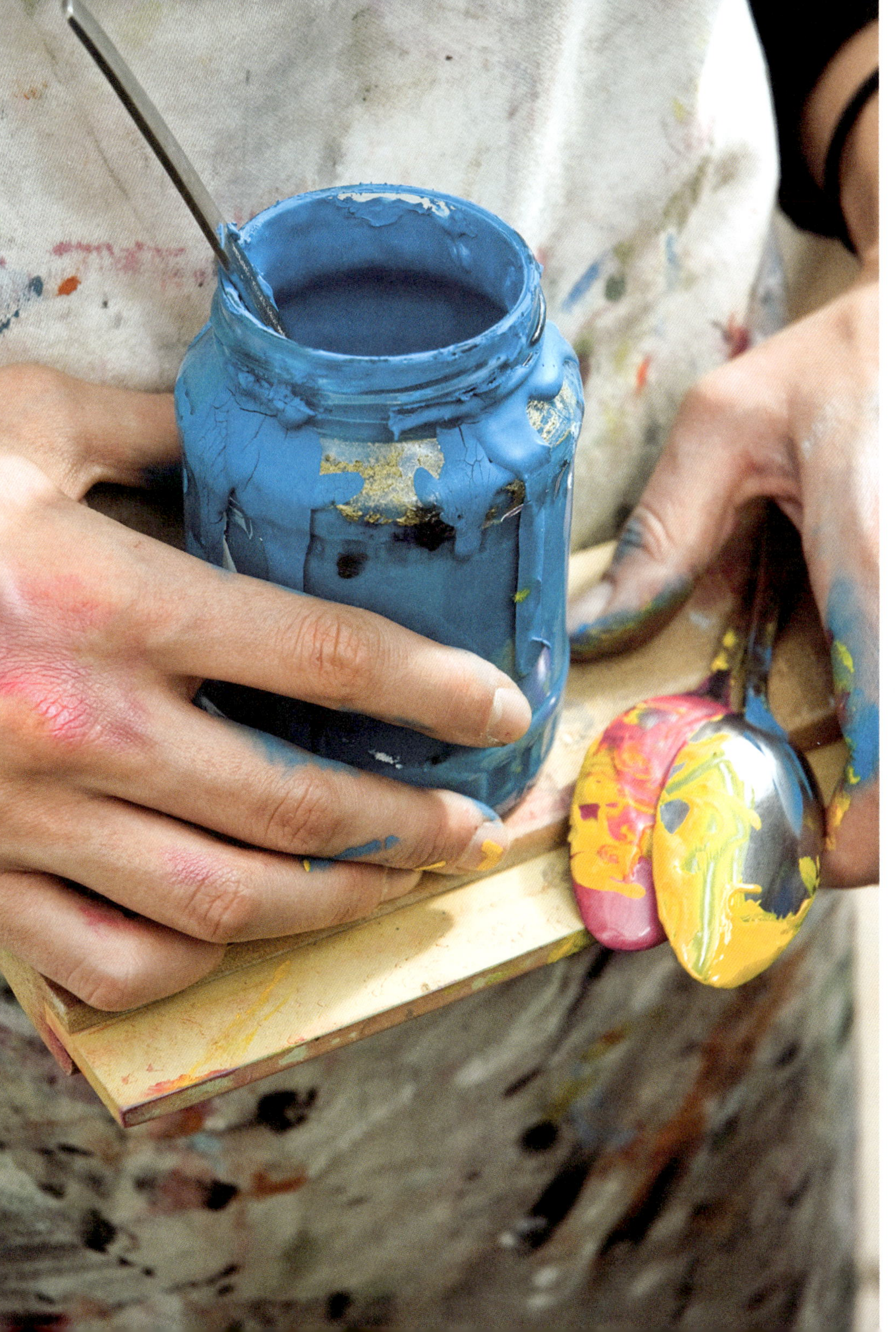

MATERIALIEN

Es gibt eine gewaltige Menge an Werkstoffen, die sich zum Bedrucken eignen: Stoff, Papier, Pappe, Holz, Kunststoff und Keramik, um nur ein paar herauszugreifen. Sie alle sind in vielen verschiedenen Farben, mit unterschiedlicher Oberflächenbeschaffenheit und -behandlung erhältlich. Das Angebot ist immens. Bei der Wahl der Materialien sollten Sie beachten, dass sich nicht alle gleich gut bedrucken lassen. Mit zunehmender Erfahrung werden Sie merken, wo die Stärken und Schwächen der einzelnen Werkstoffe und Oberflächenbeschaffenheiten liegen. Es empfiehlt sich aber unbedingt, für Neues offen zu sein und eine Reihe verschiedener Materialien zu testen und damit zu experimentieren, da es immer wieder vorkommt, dass ein schwierigeres Material zum Bedrucken die interessantesten Ergebnisse hervorbringt.

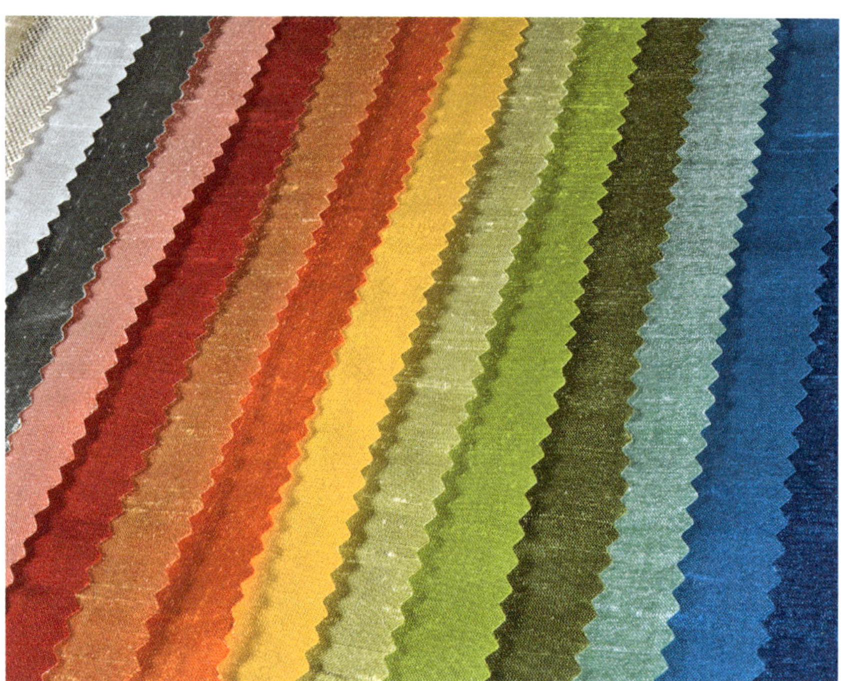

Nützliche Tipps

- Achten Sie stets darauf, sich so reichlich mit Materialien einzudecken, dass Sie auch Probedrucke machen und anhand von Musterstücken verschiedene Möglichkeiten durchprobieren können, ehe Sie Ihr eigentliches Stück in Angriff nehmen.

- Weiße, naturfarbene und helle Materialien sind einfacher zu bedrucken als andere. Auf solchen Untergründen kommen Ihre Drucke hervorragend zur Geltung. Haben Sie sich für einen dunkleren Untergrund entschieden, müssen Sie darauf achten, dass die gewählte Tinte/Farbe opak ist, also nicht transparent, da das Motiv ansonsten untergehen könnte.

- In der Regel lassen sich glattere Oberflächen besser bedrucken als stärker strukturierte. Nachdem dies nun gesagt ist, muss jedoch auch erwähnt werden, dass auf strukturierte Oberflächen interessante Ergebnisse möglich sind – das Experiment ist hier der Schlüssel zum Erfolg!

- Wenn Sie ein Objekt mit einer Vorder- und Rückseite wie eine Tasche, ein T-Shirt oder eine Kissenhülle bedrucken, müssen Sie stets ein Stück dünne Pappe zwischen die beiden Lagen schieben. So kann die Tinte nicht bis auf die Rückseite durchsickern.

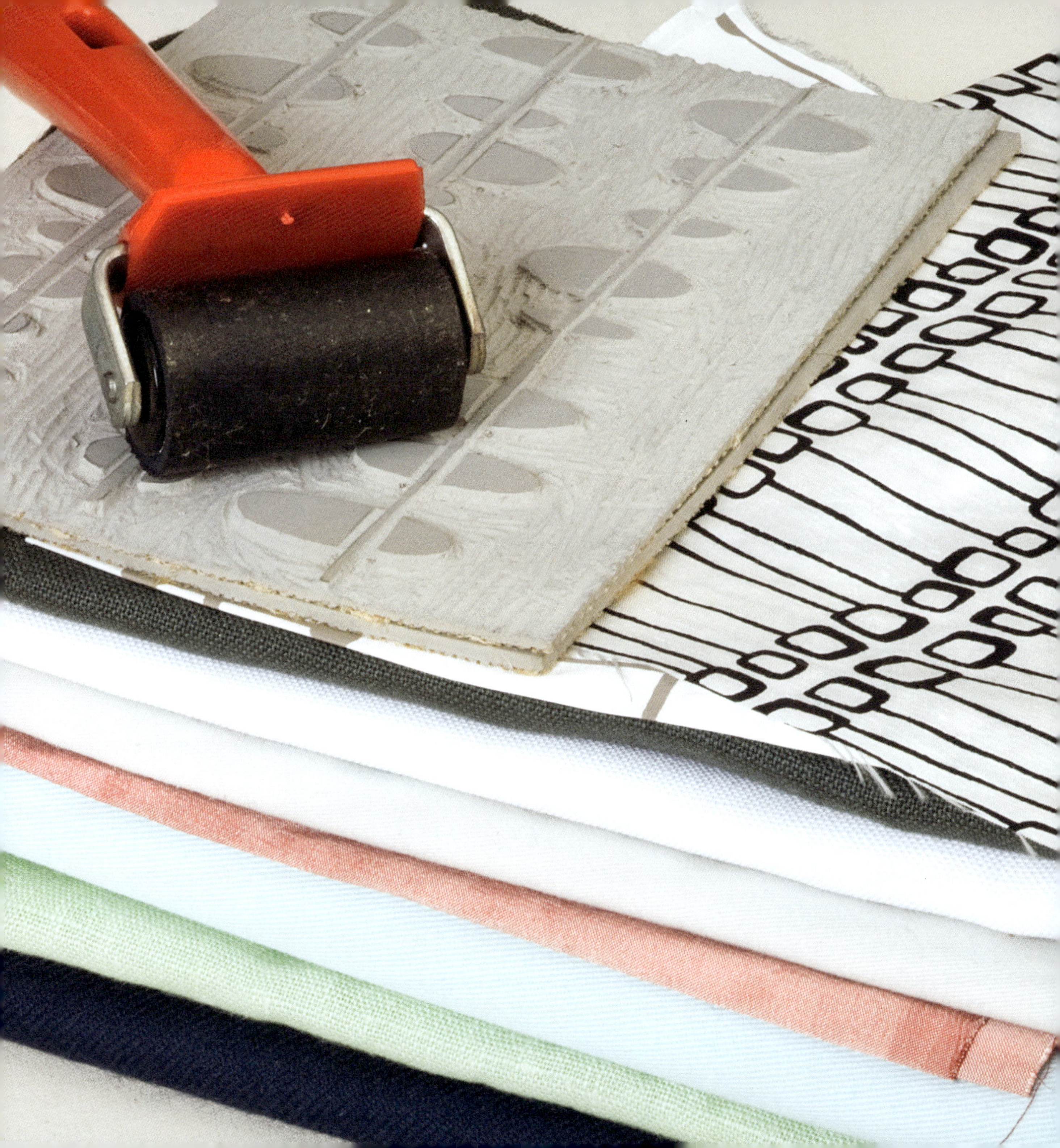

TINTEN

Wie schon bei den Materialien zum Bedrucken, ist auch bei den Tinten und Farben die Auswahl riesig. Es gibt praktisch keinen Werkstoff, für den nicht auch die passende Drucktinte angeboten würde.

Die verschiedenen Tinten unterscheiden sich in ihren Eigenschaften, ob sie nun glänzend oder matt sind, durchscheinend oder deckend. Der Hauptunterschied besteht darin, dass sie entweder auf Wasser- oder auf Ölbasis hergestellt sind. Wir verwenden für den Stoffdruck in erster Linie Tinten auf Wasserbasis, da sie sich leichter von Werkzeug und Kleidung entfernen lassen. In der Regel sind sie auch umweltverträglicher.

Tinten auf Ölbasis erfordern spezielle lösemittelhaltige Reinigungsmittel. Mit solchen Tinten dürfen Sie daher nur an einem gut belüfteten Arbeitsplatz hantieren. Tinten auf Ölbasis eignen sich nicht für Techniken wie Kartoffeldruck, da sie nicht an feuchten Flächen haften. Zudem müssen Sie bei der Entsorgung solcher Tinten- und Lösemittelreste verantwortlich handeln und dafür sorgen, dass möglichst nichts davon ins Abwasser gelangt.

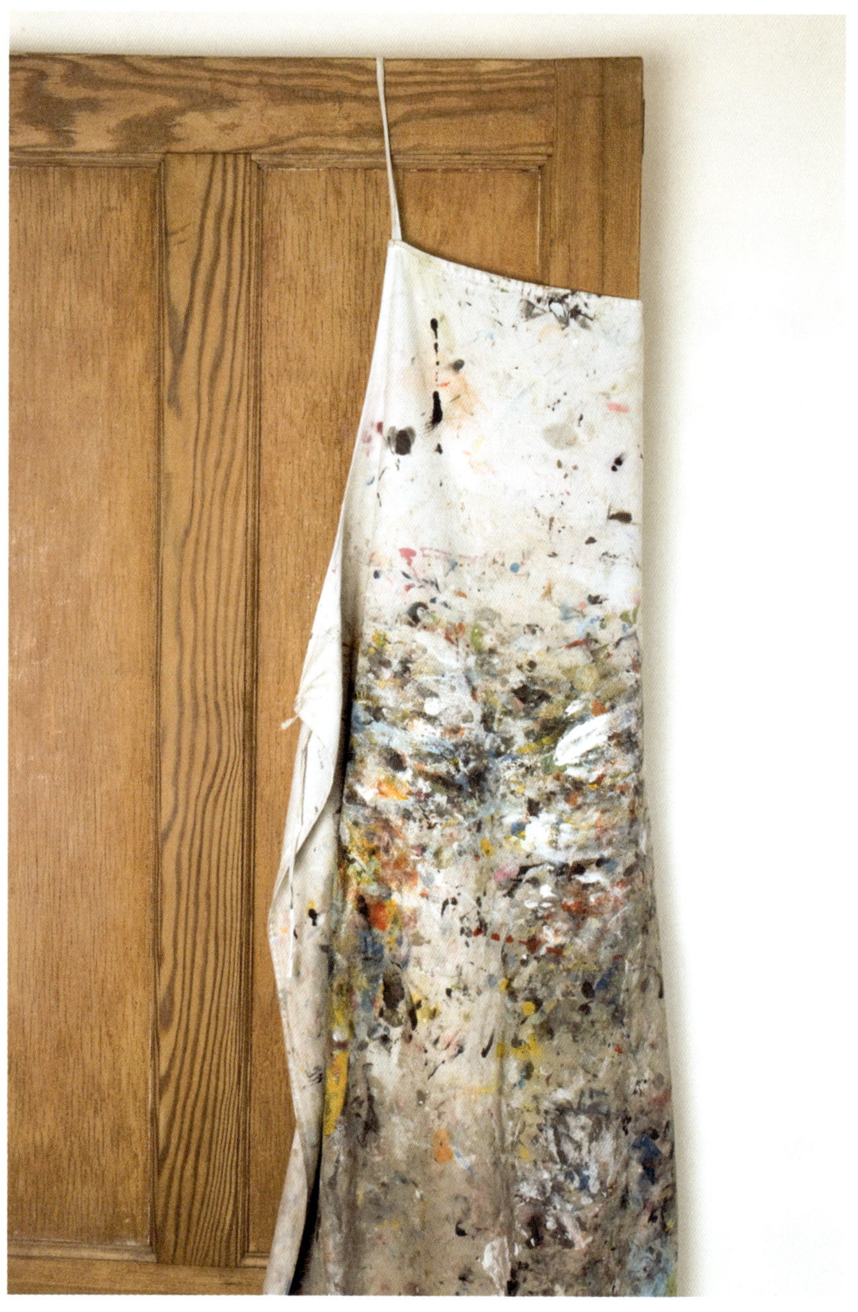

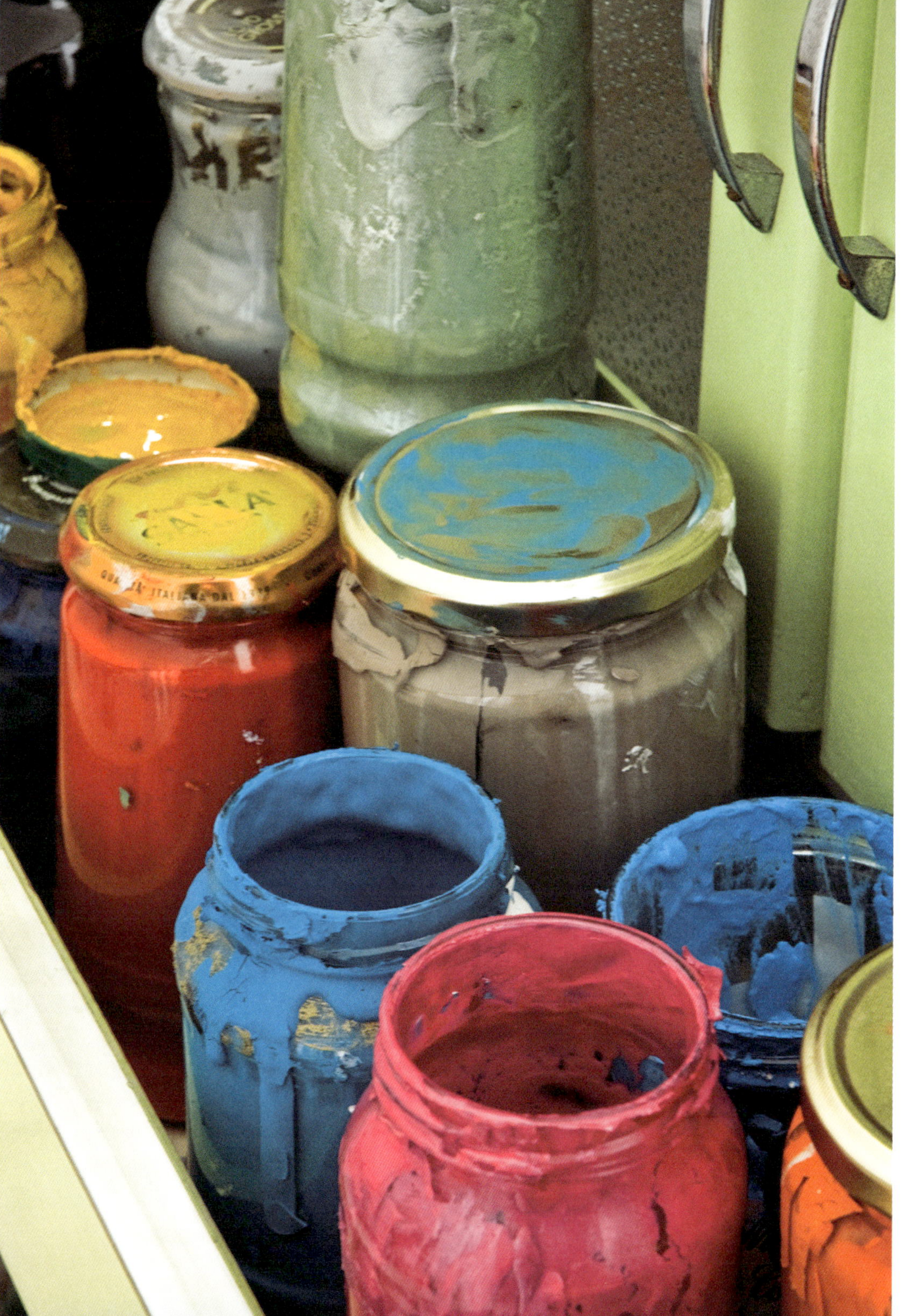

FARBEN

Experimentieren Sie mit Farbe. Raffinierte Farbtöne erhalten Sie, indem Sie Tinten miteinander mischen, statt sie direkt aus dem Behälter zu verarbeiten. Wählen Sie also zum Beispiel keinen fertig angemischten Grünton, sondern versuchen Sie, selbst ein Grün aus Gelb und Blau herzustellen. Nun können Sie noch etwas Weiß hinzugeben, um die Farbe heller und pastelliger zu machen, oder ein wenig Schwarz, falls Ihnen ein dunklerer Farbton lieber ist.

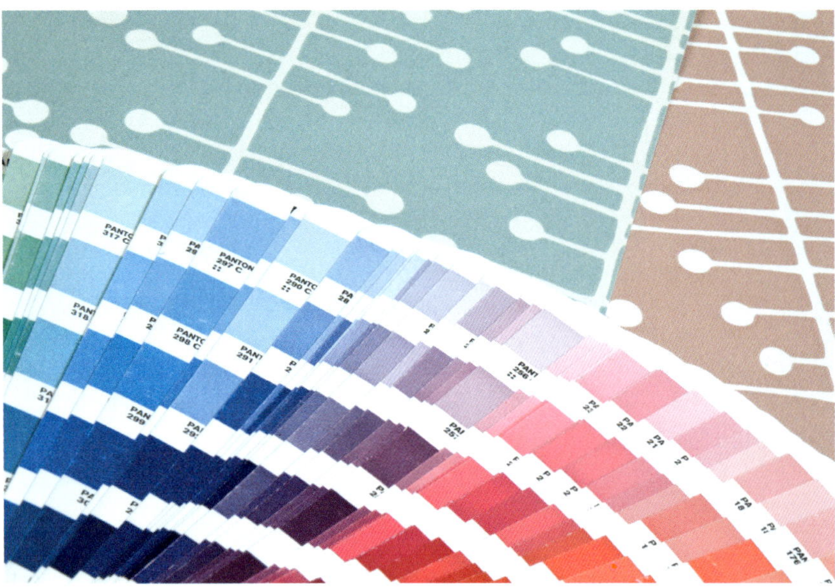

Nützliche Tipps

- Lesen Sie sich stets die Gebrauchsanweisung des Herstellers durch und befolgen Sie sie auf jeden Fall.
- Machen Sie zunächst ein paar Versuche mit kleinen Mengen, um möglichst wenig Farbe zu vergeuden.
- Beim Mischen von Tinten können kräftige oder dunkle Farben eine dramatische Wirkung haben. Manchmal reichen schon ein paar Tropfen, um das Aussehen der gemischten Farbe nachhaltig zu verändern.
- Mischen Sie nicht zu viele verschiedene Farben zusammen, da dies unweigerlich einen schmutzigen Farbton ergibt.
- Mischen Sie nur Tinten oder Farben desselben Typs miteinander, also nicht etwa Tinten auf Wasserbasis mit solchen auf Ölbasis und Gouachefarben mit Acrylfarben.
- Notieren Sie sich beim Anmischen von Farben, welche Menge Sie von welcher Farbe verwendet haben, damit Sie den endgültigen Farbton bei Bedarf nachmischen können.
- Probieren Sie eine Farbe stets auf dem Material zum Bedrucken aus, der auch für Ihr geplantes Werk vorgesehen ist, da die Farbe des Untergrundes die Farbe des Drucks stark beeinflussen kann.

STEMPELDRUCK

KARTOFFELDRUCK

Der Kartoffeldruck ist eine der einfachsten und zugänglichsten Stempeldrucktechniken, dazu eine mit geringem Aufwand und Kosten. Kartoffeldrucke haben einen Anstrich von naivem Kunsthandwerk. Damit soll jedoch nicht gesagt werden, dass die Technik nur etwas für Kinder wäre. Mit dem richtigen Muster und einer sorgfältigen Farbauswahl lassen sich wunderschöne, geschmackvolle Ergebnisse erzielen.

Als Motive für Kartoffelstempel empfehlen sich Gestaltungen mit einfachen Formen und Linien, da sich diese problemlos schneiden lassen. Komplexe, zu detailreiche Muster sind für den Kartoffeldruck weniger geeignet, denn sie sind schlecht zu schneiden und wirken schnell unsauber.

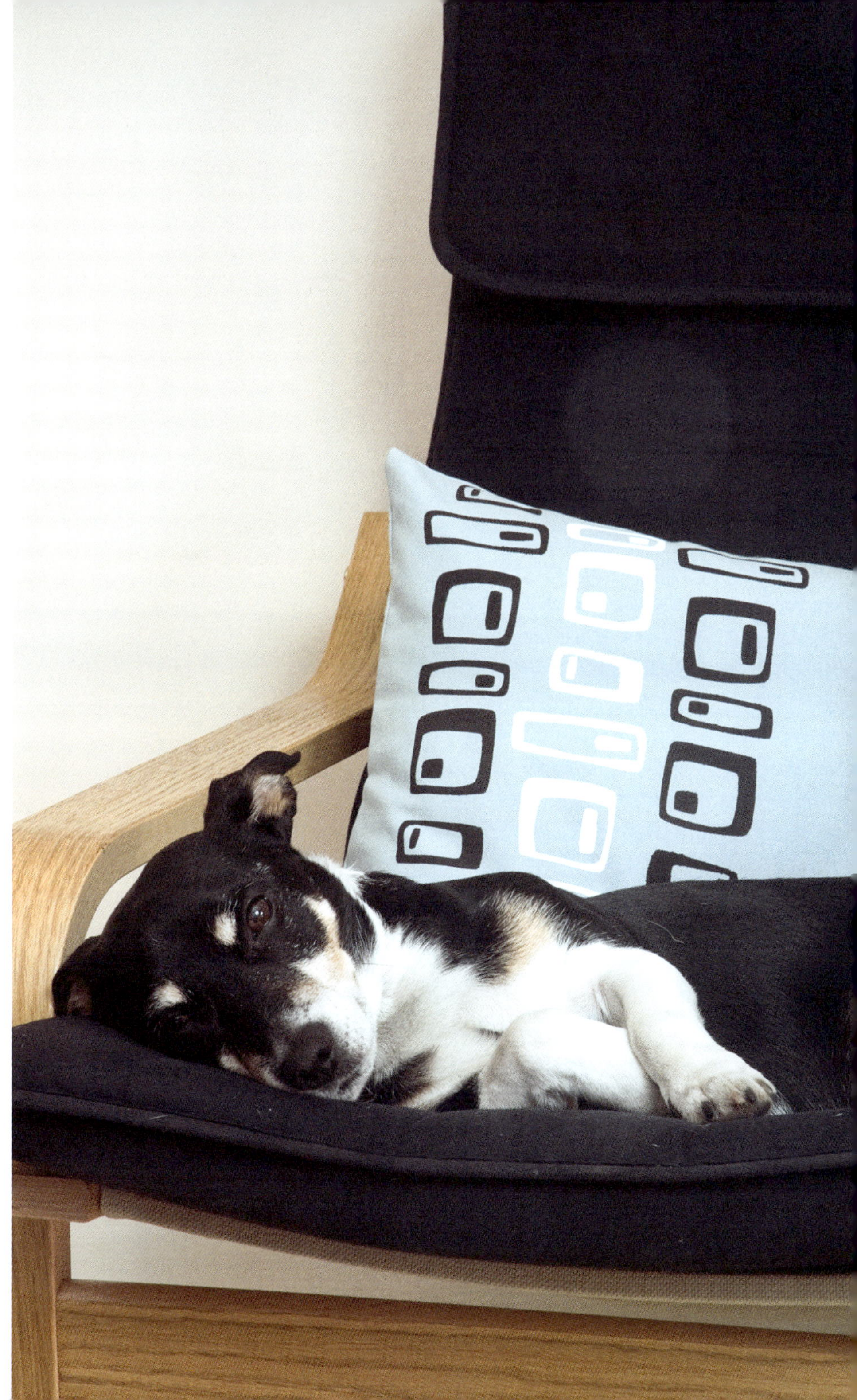

KISSEN Sie haben die Wahl zwischen einem schlichten, einfarbigen handelsüblichen oder einem selbst genähten Kissenbezug. Bei seiner Gestaltung sind Ihrer Fantasie keine Grenzen gesetzt, denn sich wiederholende Muster und zusammengesetzte Entwürfe wirken auf Kissen gleichermaßen gut. Es könnte eine Überlegung wert sein, Farben aus Ihrer Inneneinrichtung für die Gestaltung aufzugreifen.

Materialien

Rohe Kartoffeln, am besten große, mehlige
Farben und Tinten
Mehrere Pinsel und ein Schwamm
Linolschnittmesser/Holzschnitzmesser oder kleines Haushaltsmesser
Küchenpapier
Pauspapier
Bleistift, Buntstift oder Filzstift
Stoff, Papier (oder ein Material zum Bedrucken Ihrer Wahl)

Die Kartoffel vorbereiten

Wählen Sie ein Motiv aus.

Halbieren Sie die Kartoffel.

Entfernen Sie jegliche Flüssigkeit, indem Sie die Kartoffel mit der Schnittfläche nach unten auf ein Blatt Küchenpapier legen.

Zeichnen Sie das Motiv mit einem Bleistift, Buntstift oder Filzstift auf die Schnittfläche. Ein weicher dunkler Farbstift ist dafür optimal.

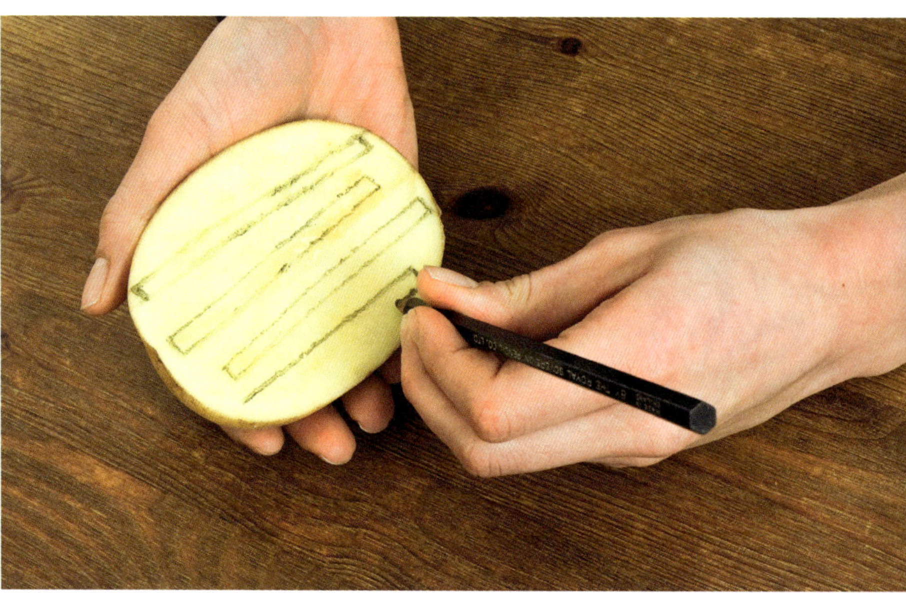

Wenn Sie sich nicht zutrauen, das Motiv direkt auf die Kartoffel zu zeichnen, zeichnen Sie es zunächst auf Pauspapier. Das Papier dann auf die Schnittfläche der Kartoffel legen, entlang der Motivkontur mit einem spitzen Bleistift mehrmals einstechen und abheben. Jetzt müssten Sie das Muster auf die Kartoffel zeichnen können, indem Sie die eingestochenen Löcher miteinander verbinden. Die Methode erinnert ein wenig an Malen nach Zahlen!

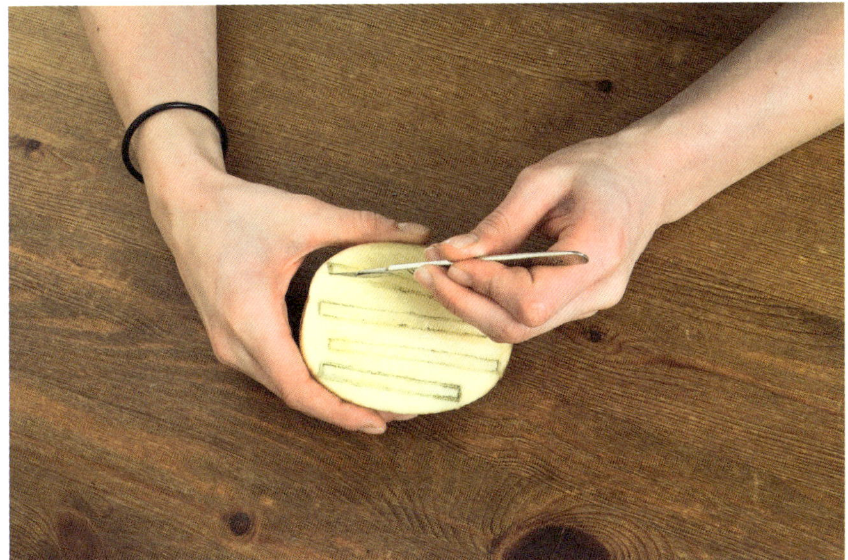

Nehmen Sie nun Ihr Linolschnittmesser oder ein anderes und schneiden Sie das Kartoffelfleisch außerhalb der Konturen weg. Das Fleisch tief genug abtragen, 1 cm ist ideal.

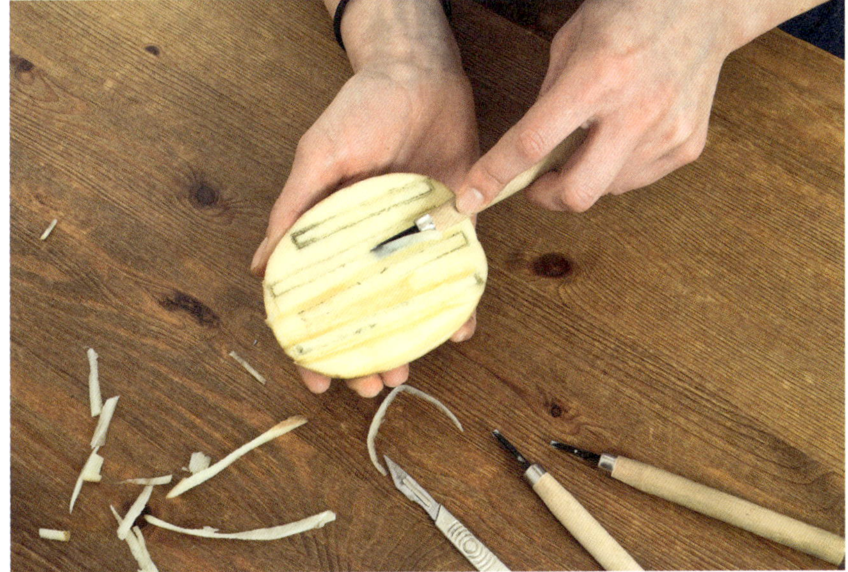

Drucken

Mit einem Pinsel oder Schwamm die Tinte oder Farbe auf den Kartoffelstempel auftragen. Bedenken Sie, dass die Tinte recht dickflüssig sein muss, da es schwierig ist, mit dünnflüssiger Tinte ein gutes Ergebnis zu erzielen.

Machen Sie zunächst mit dem Stempel ein paar Probedrucke auf einem Papier oder Ähnlichem. Jetzt ist es auch an der Zeit, verschiedene Farbkombinationen auszuprobieren.

Sind Sie mit Ihren Farben und den Probedrucken zufrieden, können Sie mit dem Drucken Ihres Entwurfs beginnen. Denken Sie daran, vor jedem Druckvorgang frische Farbe aufzutragen.

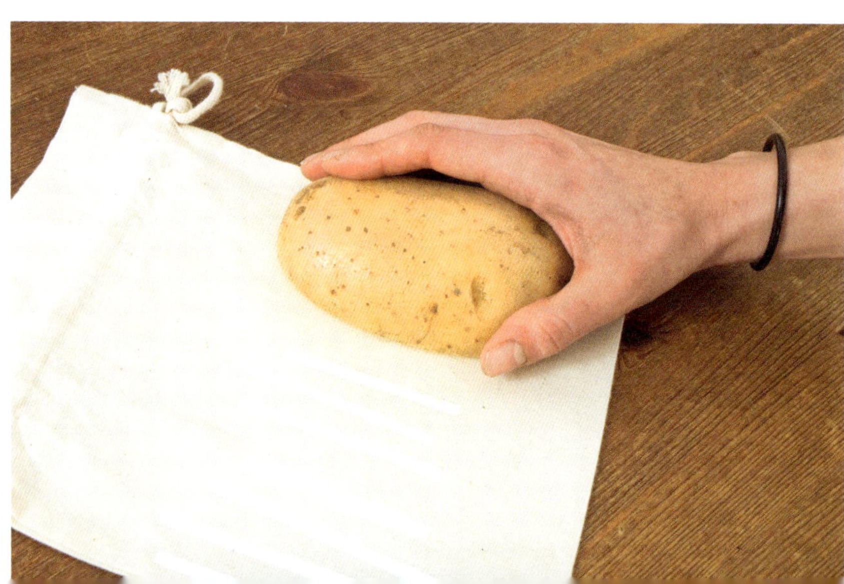

Nützliche Tipps

- Achten Sie auf einen gleichmäßigen Farbauftrag auf dem Stempel. Zu viel Tinte lässt die Konturen des Drucks verlaufen, zu wenig Tinte ergibt ein fleckiges Druckbild.
- Drücken Sie den Stempel stets leicht und gleichmäßig auf. Es kann zwar ein Weilchen dauern, bis Sie dies perfekt beherrschen, aber das ist nur eine Frage der Übung.
- Tragen Sie vor jedem Druckvorgang frische Farbe auf.
- Sollten die Konturen Ihres Stempels mit der Zeit an Schärfe verlieren, steckt vielleicht eine Tintenansammlung dahinter. In diesem Fall den Stempel abwischen, vorsichtig spülen und abtrocknen, ehe Sie weiterdrucken.
- Sie können ein und denselben Stempel für verschiedene Farben benutzen, wenn Sie ihn einfach vor jedem Farbwechsel reinigen und abtrocknen.
- Durch das Überdrucken von Motiven sind interessante Layoutvarianten möglich. Bedrucken Sie eine Farbschicht aber auf keinen Fall, ehe sie völlig durchgetrocknet ist.
- Beim Bedrucken von Gegenständen mit einer Vorder- und Rückseite wie Taschen, T-Shirts oder Kissenhüllen müssen Sie ein Stück dünne Pappe zwischen die beiden Lagen schieben, damit die Tinte nicht bis auf die untere Lage durchsickern kann.
- Ein Kartoffelstempel hält sich erfahrungsgemäß ein bis zwei Tage. Um ihn länger aufzubewahren, können Sie ihn in Plastikfolie gewickelt oder luftdicht in einer Plastiktüte verschlossen im Kühlschrank lagern. Dies setzt jedoch voraus, dass der Stempel sauber ist.
- Wählen Sie für den Kartoffeldruck nie Tinten oder Farben auf Ölbasis, da sich Öl und Wasser nicht miteinander vermischen.

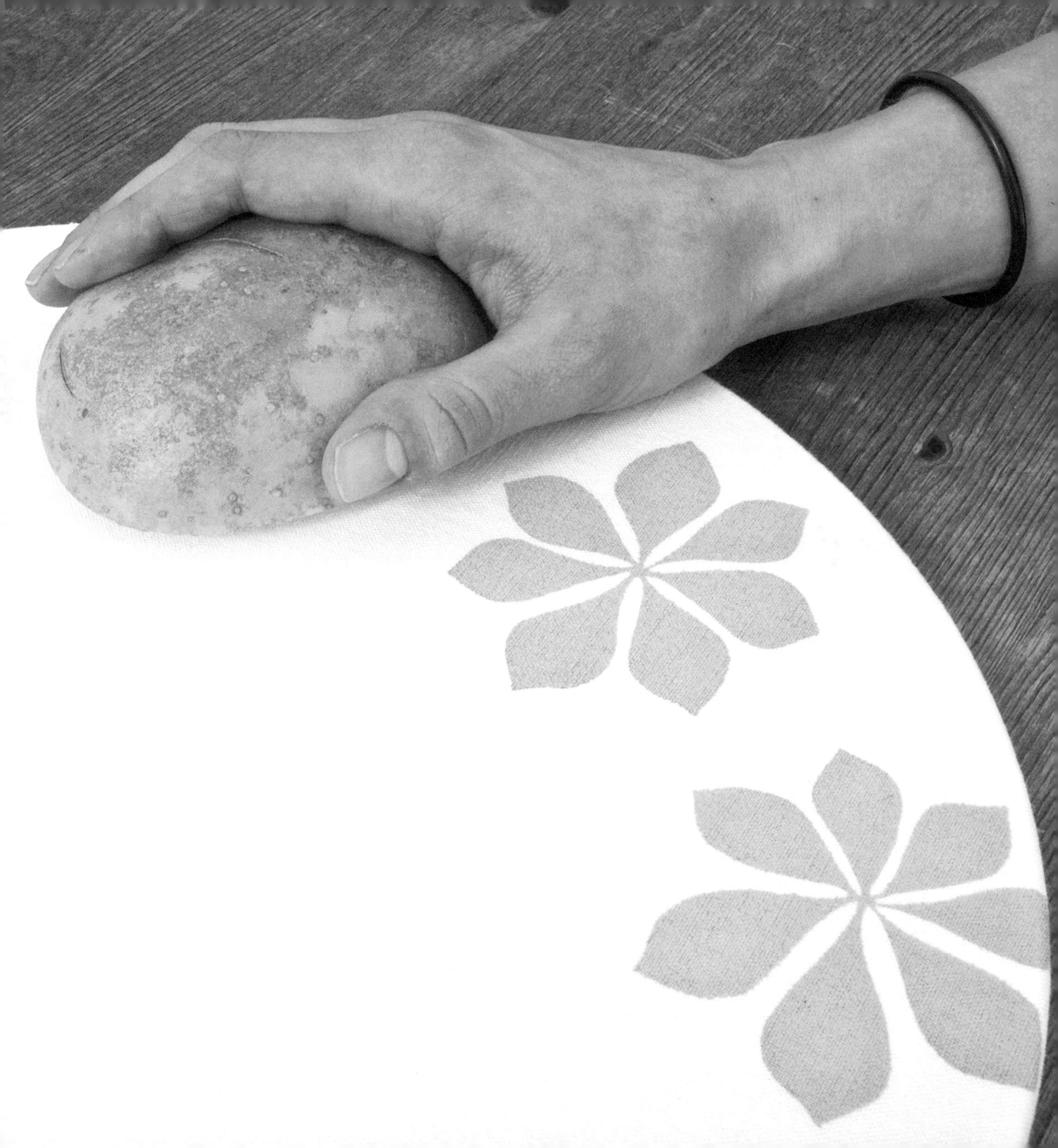

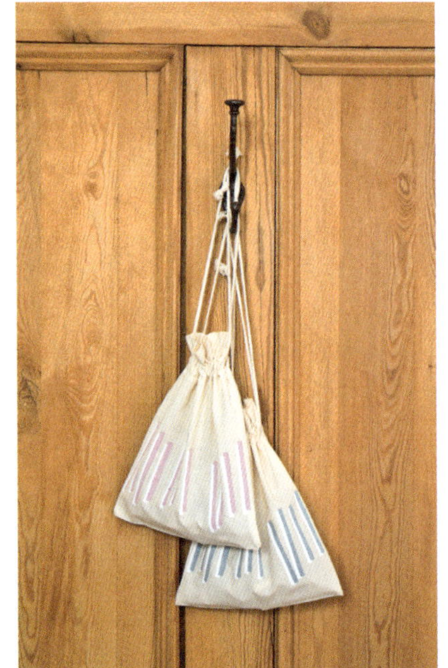

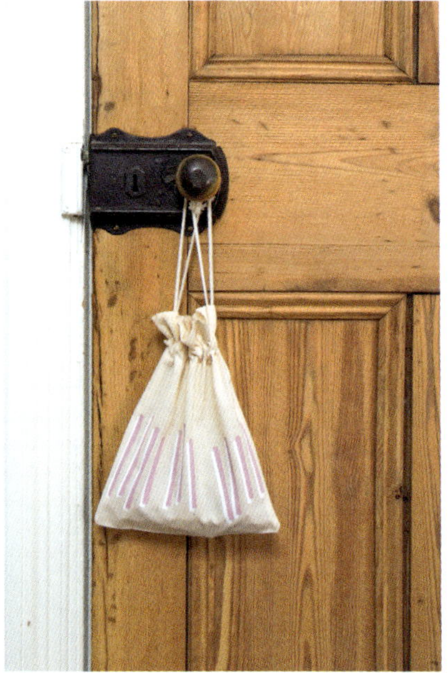

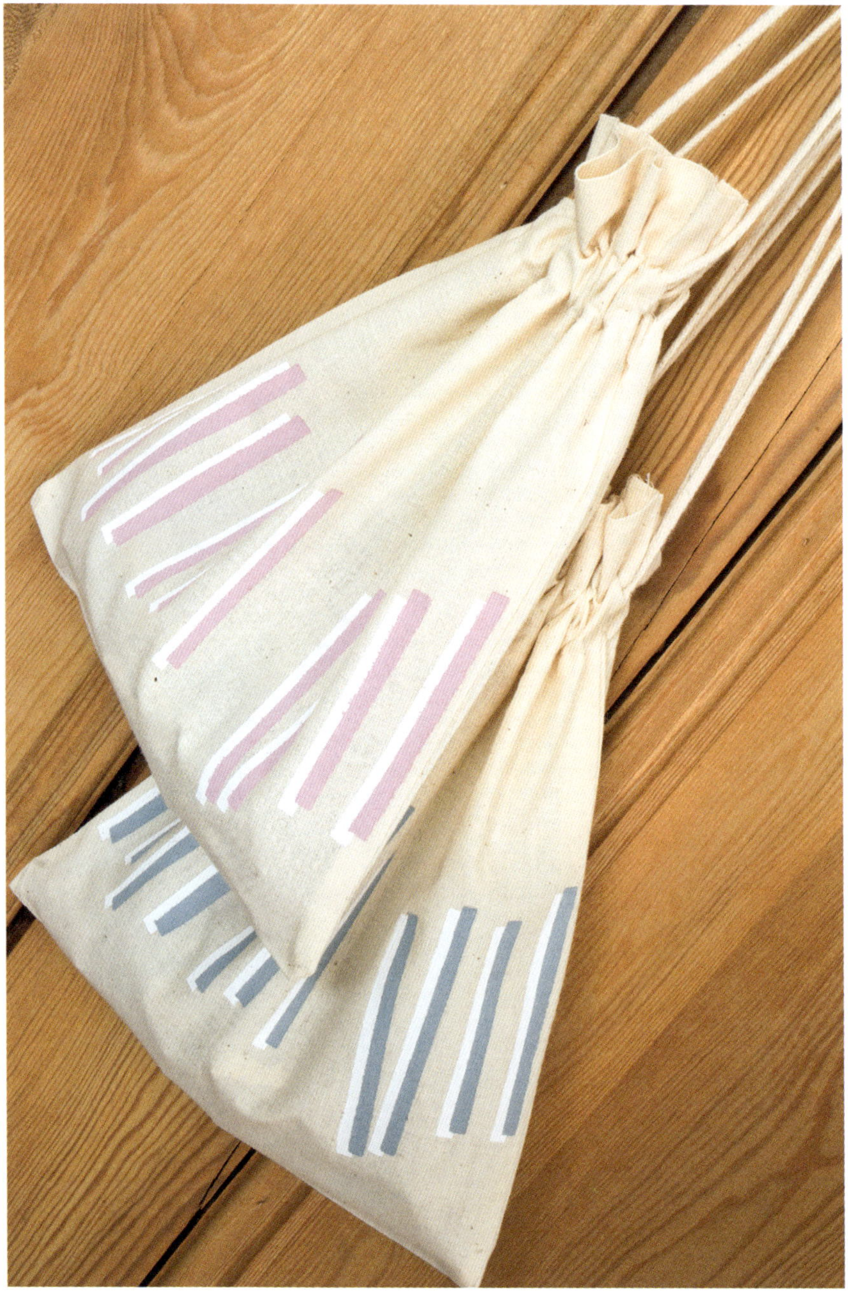

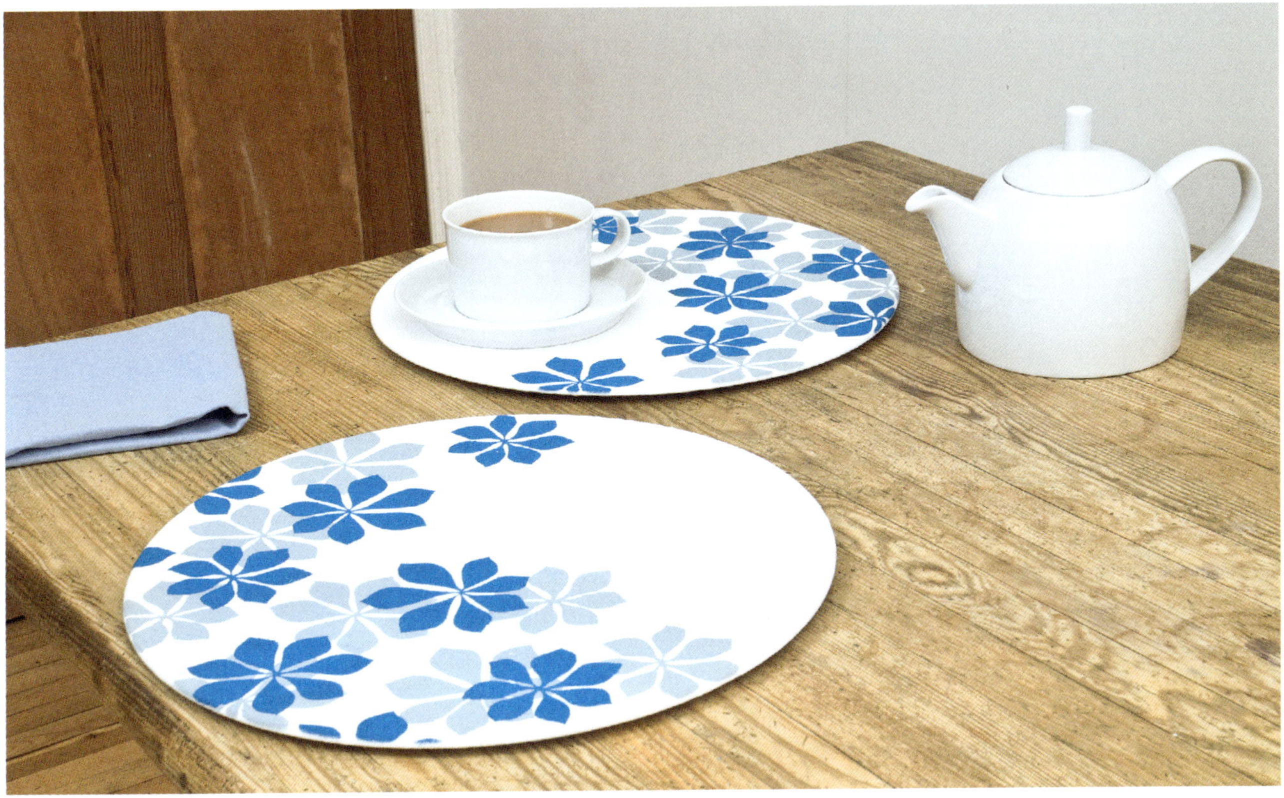

BEUTEL Ob Wäscheklammern oder Schnickschnack, in solchen einfachen Zugbeuteln lässt sich alles Mögliche praktisch aufbewahren. Sie sind auch als Geschenkverpackung ideal.

TISCHSETS Mit selbst bedruckten Sets sieht Ihr Tisch bei jeder Mahlzeit einladend aus, und auch der Nachmittagskaffee wird so zu einem besonderen Ereignis. Solche Sets können als individuelle Platzdeckchen dienen, locker über den Tisch verteilt werden oder als zentraler Blickfang in der Mitte des Tisches dienen.

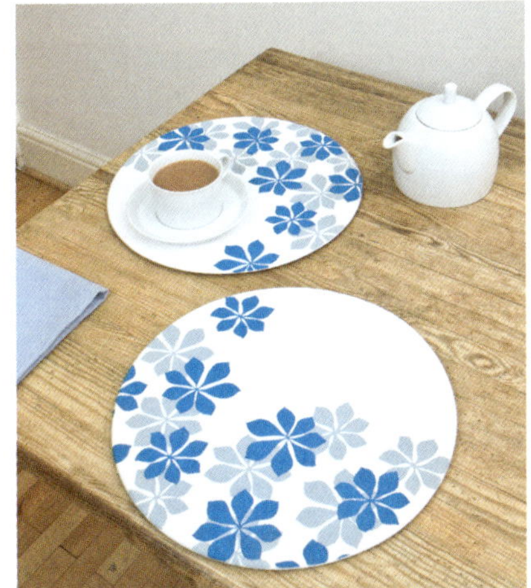

LINOLDRUCK

Linoleum wurde in den 1860er-Jahren entwickelt. Es besteht aus einer Mischung aus Leinöl, Harz und Korkmehl und weist einen Rücken aus Jutegewebe auf. Früher war es in der Regel grau oder hellbraun, inzwischen ist es in einer breiten Farbpalette erhältlich. Der Linoldruck oder Linolschnitt kam erstmals im frühen 20. Jahrhundert in Deutschland auf.

Beim Linoldruck handelt es sich um eine vielseitige und kostengünstige Methode zum Drucken von Mustern. Er erfordert nur wenige Werkzeuge, bietet jedoch eine große Bandbreite an möglichen Ergebnissen. Mit Linoldruckstöcken lassen sich sowohl Stoff als auch Papier bedrucken. Aufgrund der glatten Oberfläche des

Linoleums wirken die Schnitte, mit denen man den Druckstock versieht, scharf und markant. Linoleum bietet sich für flächige, kraftvolle Entwürfe und Motive an, die ohne feine Linien auskommen. Da es im Gegensatz zur Kartoffel lange haltbar ist, lassen sich Druckstöcke aus Linoleum viele Male wiederverwenden.

Hohleisen oder Geißfüße für den Linolschnitt gibt es in verschiedenen Größen und mit U- oder V-förmiger Klinge. Wir empfehlen Ihnen, sich von jeder Klingenform mindestens ein Werkzeug zuzulegen, da Ihnen so ein breiteres Spektrum an Schnitten zur Verfügung steht. Ideal wäre ein ganzer Werkzeugsatz, der beide Klingenformen in verschiedenen Größen umfasst. Linolplatten und Linolschnittwerkzeuge sind in den meisten Fachgeschäften für Künstlerbedarf erhältlich.

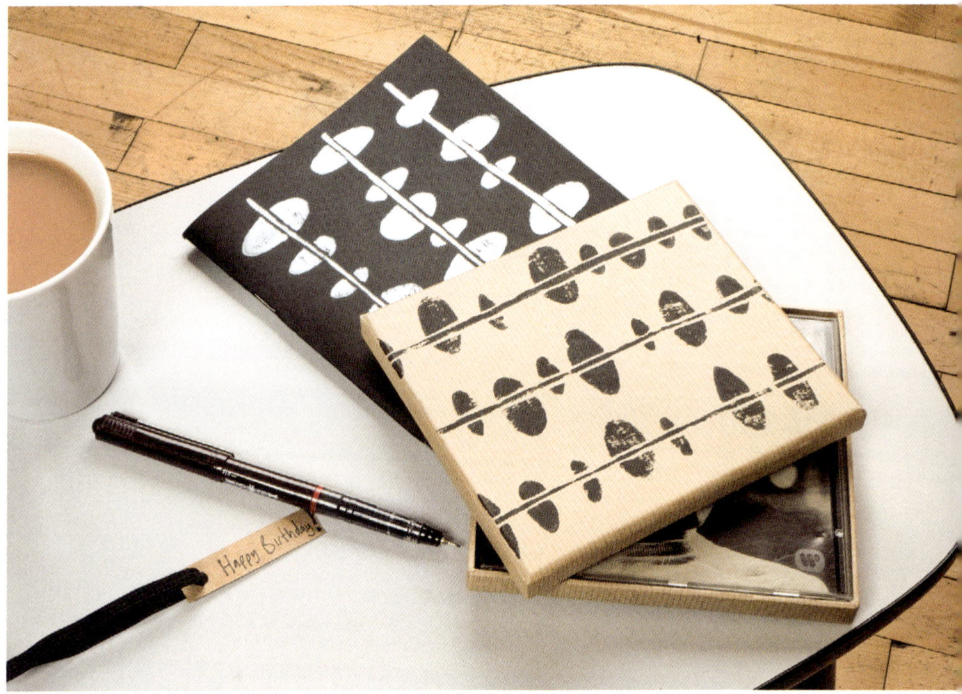

VERPACKUNG Mit einer einzigartigen Gestaltung wird sogar ein besonderes Geschenk noch kostbarer.

Materialien

Linoleum
Verschiedene Linolschnittmesser
Farben und Tinten
Palettenmesser oder Spachtelmesser
Kleine Linolwalze
Pauspapier
Bleistift, Buntstift oder Filzstift
Nudelholz
Papier oder Stoff (oder ein Material Ihrer Wahl zum Bedrucken)

Druckstock und Druck anfertigen

Wählen Sie eine Form oder ein Motiv aus.

Zeichnen Sie die Form oder das Motiv mit Bleistift, Farbstift oder Filzstift auf die Linolplatte. Ein Farbstift mit weicher dunkler Mine ist am günstigsten.

Möchten Sie das Motiv nicht sofort auf das Linoleum zeichnen, nehmen Sie zuerst Pauspapier und übertragen es dann auf das Linoleum.

Schneiden Sie mit einem Linolschnittmesser das Material außerhalb der Motivkonturen weg. Tragen Sie dabei die Negativflächen ab, also die Bereiche, die nicht gedruckt werden sollen. Achten Sie darauf, die Klinge des Hohleisens oder Geißfußes stets vom Körper weg zu führen, nie auf sich zu, und schneiden Sie möglichst nicht zu tief.

Wenn Sie mit dem geschnittenen Entwurf zufrieden sind, können Sie die Tinte auf den Druckstock auftragen.

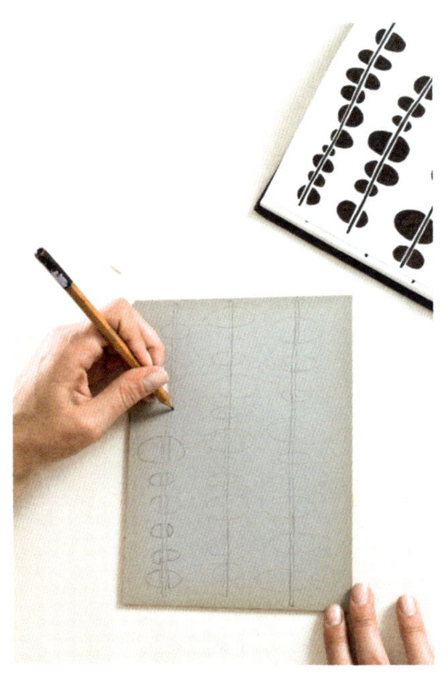

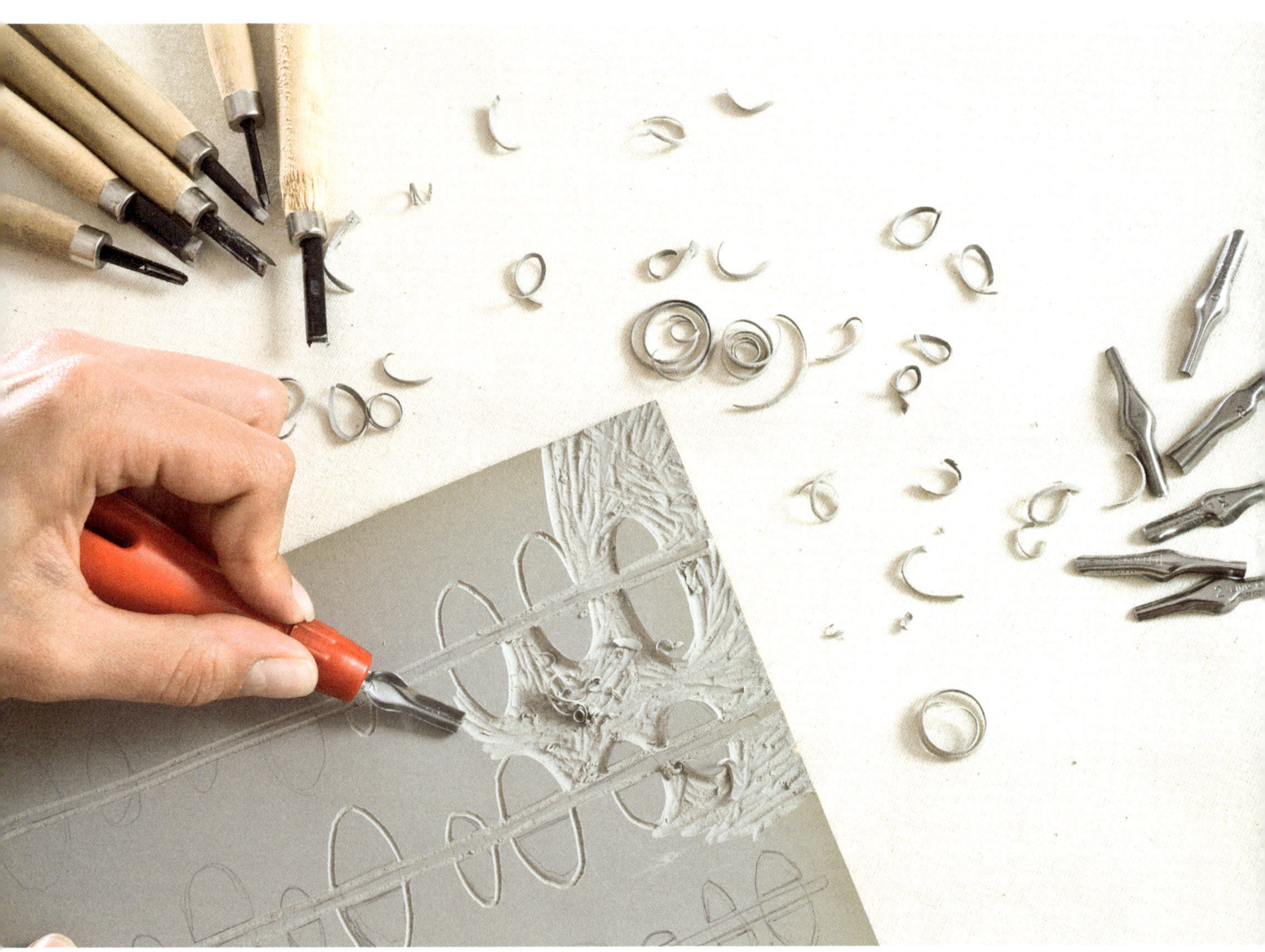

Mischen Sie die Tinte auf einer Glas- oder Plexiglasplatte an und verstreichen Sie sie zu einer gleichmäßigen, dünnen Schicht. Nun mit der Linolwalze erst in einer fließenden Bewegung über die Tinte rollen und dann mehrmals in verschiedenen Richtungen über die Linolplatte, damit der Farbauftrag auch wirklich gleichmäßig ausfällt.

Den Linoldruckstock mit dem Motiv nach unten auf das Papier bzw. den Stoff legen. Für ein gelungenes Druckbild müssen Sie den Druckstock gleichmäßig aufdrücken. Dies kann bei kleinen Druckplatten mit der Walze oder Hand geschehen, bei größeren mit einem Nudelholz. Sorgen Sie dafür, dass das Linoleum beim Drucken absolut fest liegt, da Sie sonst ein unscharfes, verschmiertes Druckbild erhalten. Nun das Linoleum vorsichtig vom Material zum Bedrucken abziehen.

Sie müssen vor jedem neuen Druckvorgang frische Tinte auf den Druckstock auftragen. Gelegentlich kommt es vor, dass sich Tinte in den Vertiefungen ansammelt, wodurch das Druckbild unscharf wird. In diesem Fall die überschüssige Tinte mit einem Lappen oder Küchenpapier abwischen.

Wenn alles fertig gedruckt ist, den Druckstock abwaschen und gründlich an der Luft trocknen lassen.

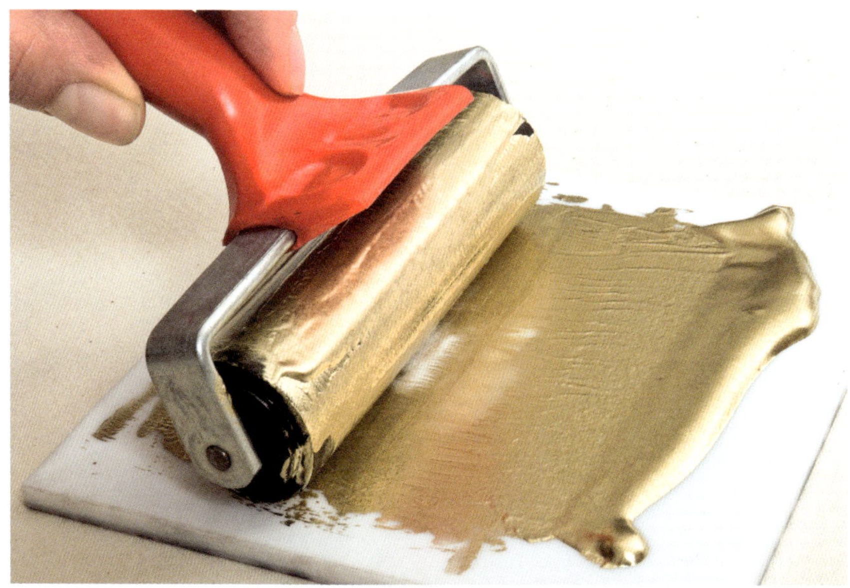

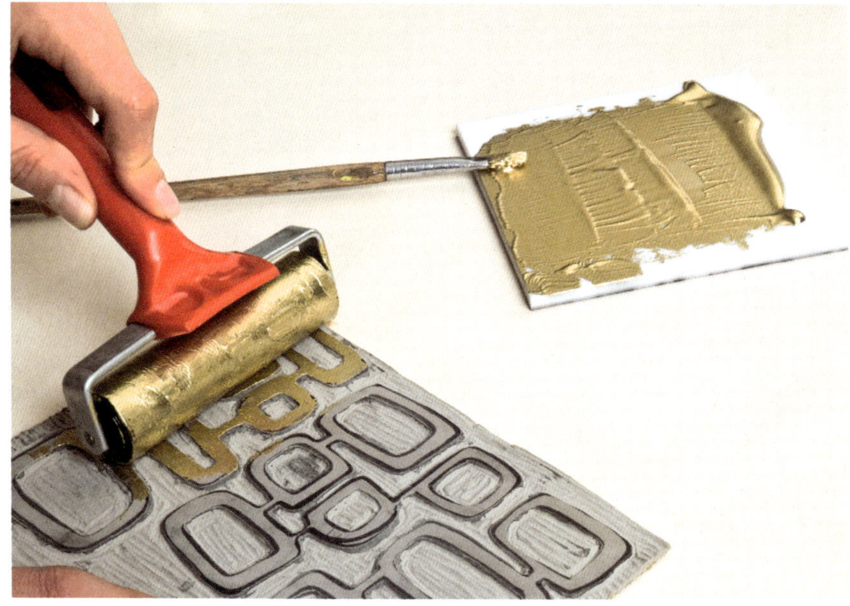

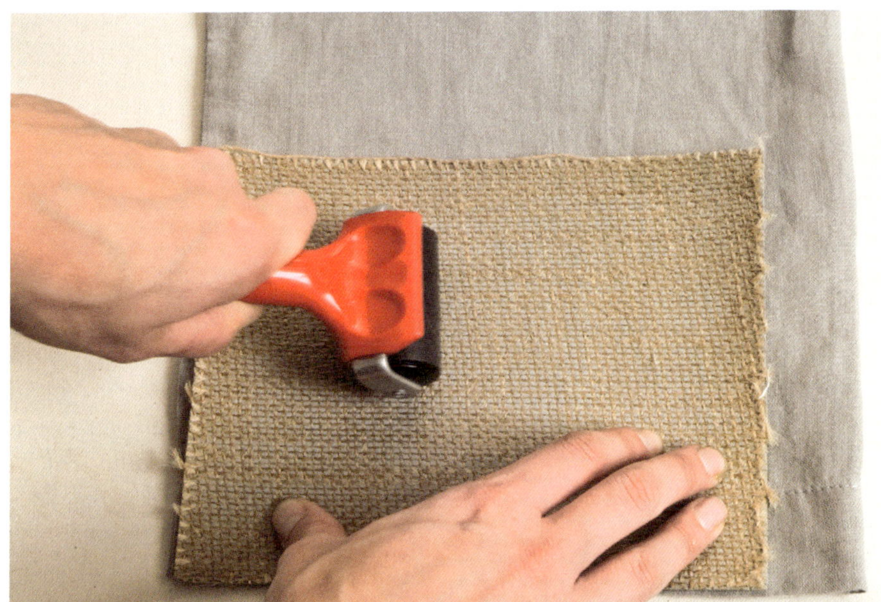

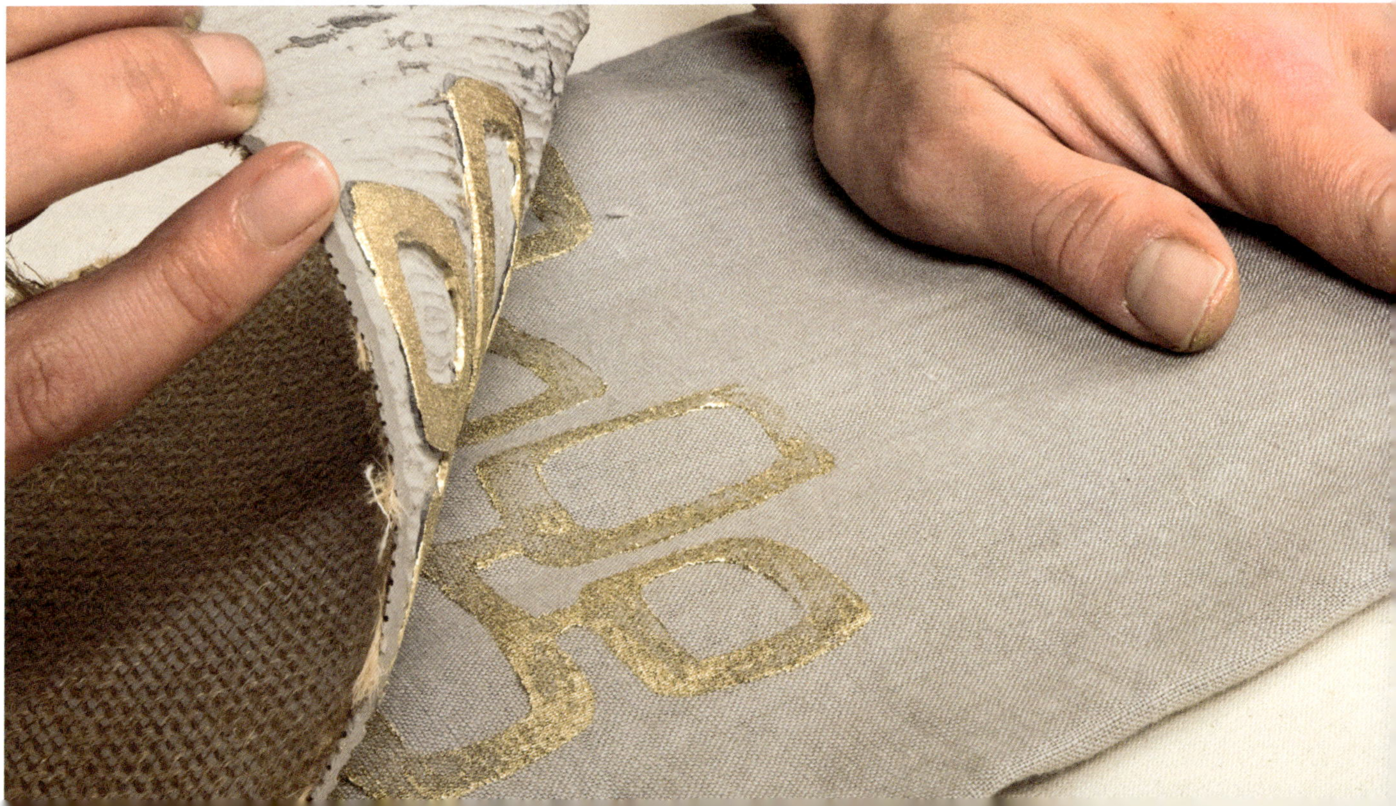

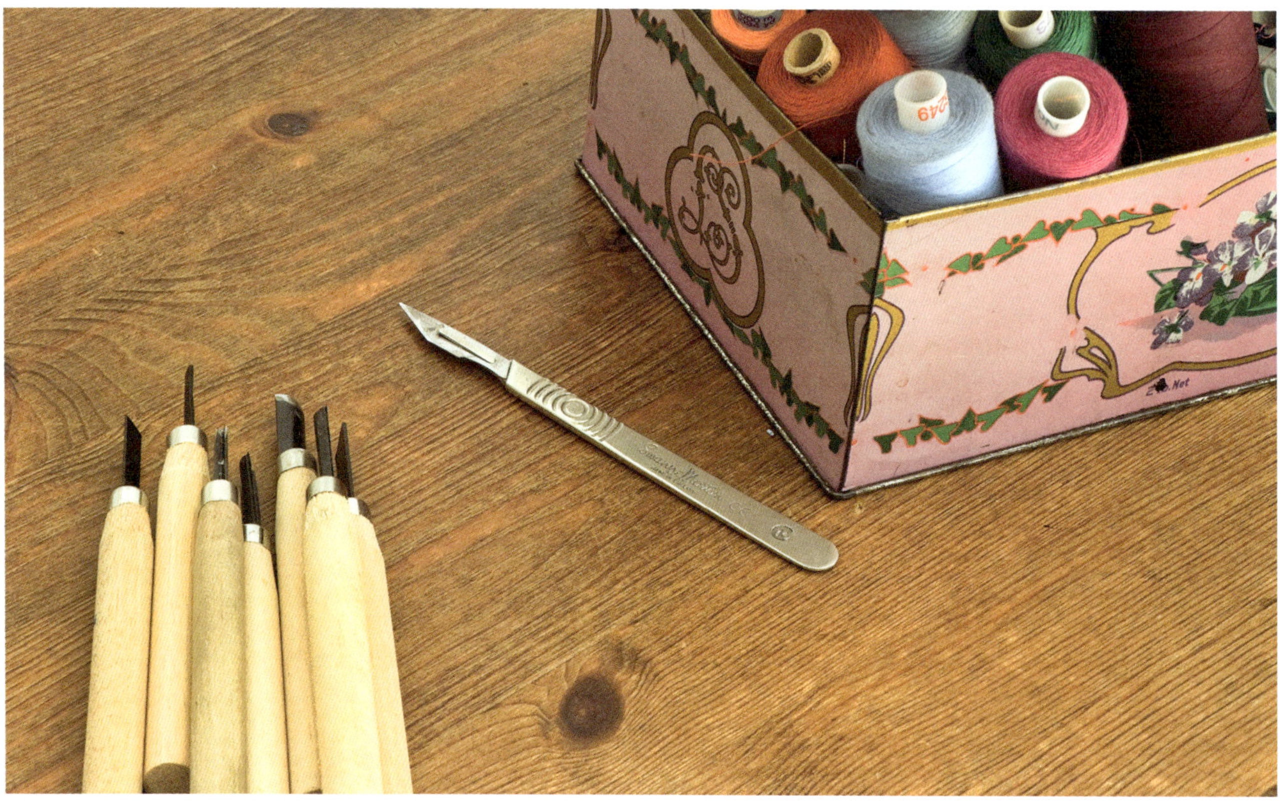

Nützliche Tipps

- Machen Sie stets zuerst ein paar Probedrucke!

- Wärmen Sie das Linoleum auf einem Heizkörper oder mit dem Haartrockner an, damit es sich besser schneiden lässt.

- Achten Sie stets darauf, vom Körper weg zu schneiden und die Hand, die nicht das Messer führt, von der Klinge fernzuhalten, damit Sie sich nicht verletzen.

- Wählen Sie zum Abtragen größerer Flächen ein Schneidwerkzeug mit U-förmiger Klinge, für feine Details eines mit V-förmiger Klinge.

- Bei guter Pflege bleiben Ihre Linolschnittmesser lange intakt. Bewahren Sie sie so auf, dass die Klingen nicht aneinander oder an anderen Metallteilen scheuern können, damit die Schneiden nicht beschädigt werden.

- Statt einer Glas- oder Plexiglasplatte können Sie die Tinte zum Aufnehmen mit der Walze auch auf einen Pappteller oder ein altes Küchenbrettchen geben.

HOSE Eine glänzende Idee für eine Hose.

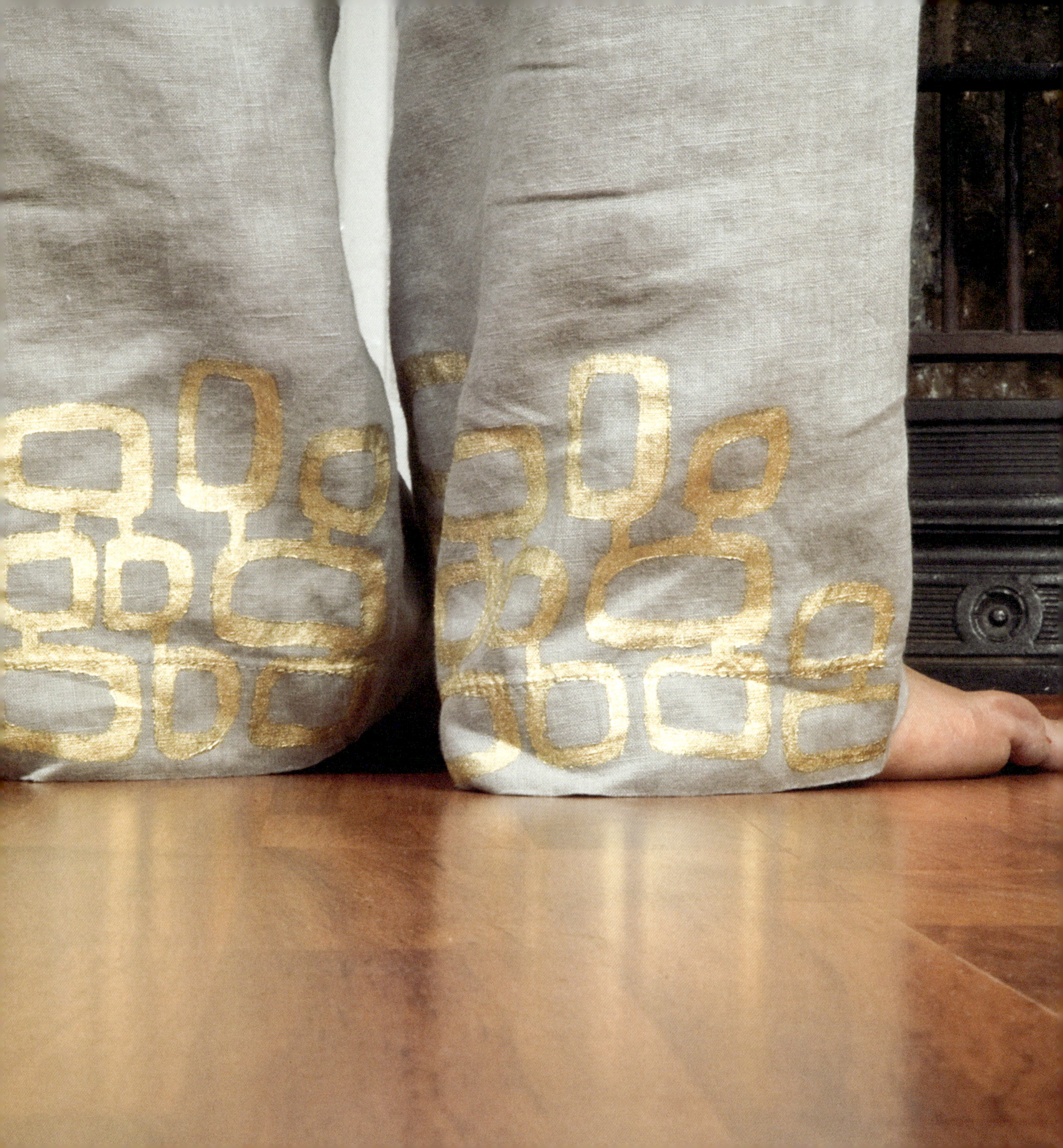

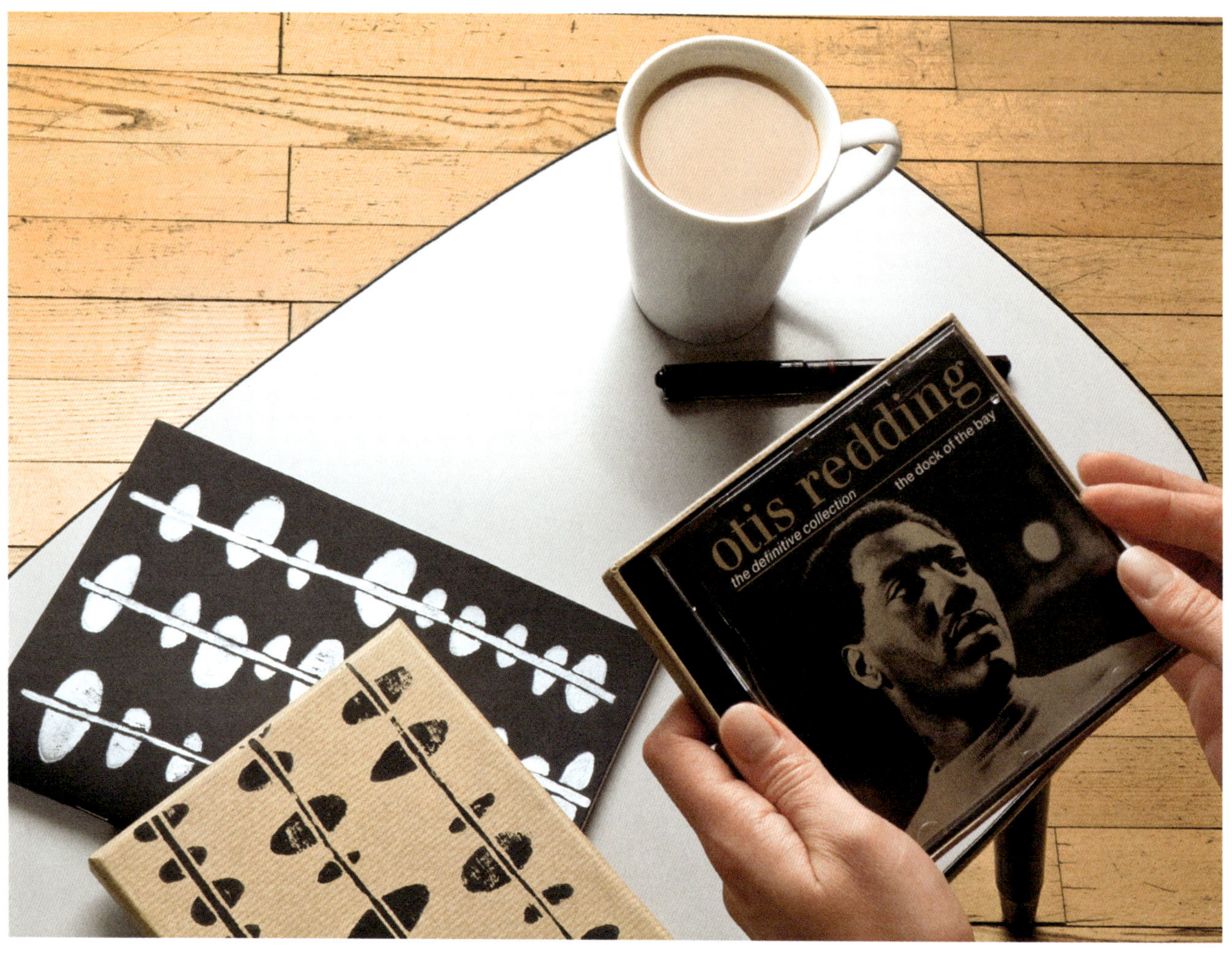

HÜLLE Die kreative Gestaltung einer Verpackung betont das Besondere an einem Geschenk.

RADIERGUMMIDRUCK

Aus Kautschuk- oder Kunststoffradiergummis lassen sich kleine, eindrucksvolle Stempelmotive herstellen. Das macht viel Spaß, und die fertigen Stempel kann man häufig wiederverwenden und zum Bedrucken der verschiedensten Materialien benutzen. Wenn Ihnen diese Technik zusagt, sollten Sie sich eine Sammlung solcher Stempel anlegen, auf die Sie jederzeit zurückgreifen können, um nach Lust und Laune Motive miteinander zu kombinieren. Ein solches Stempelmotiv lässt sich einzeln einsetzen, durch Wiederholung auch als Flächenmuster. Da Radiergummis relativ klein sind, eignen sie sich hervorragend zum Bedrucken kleiner Flächen.

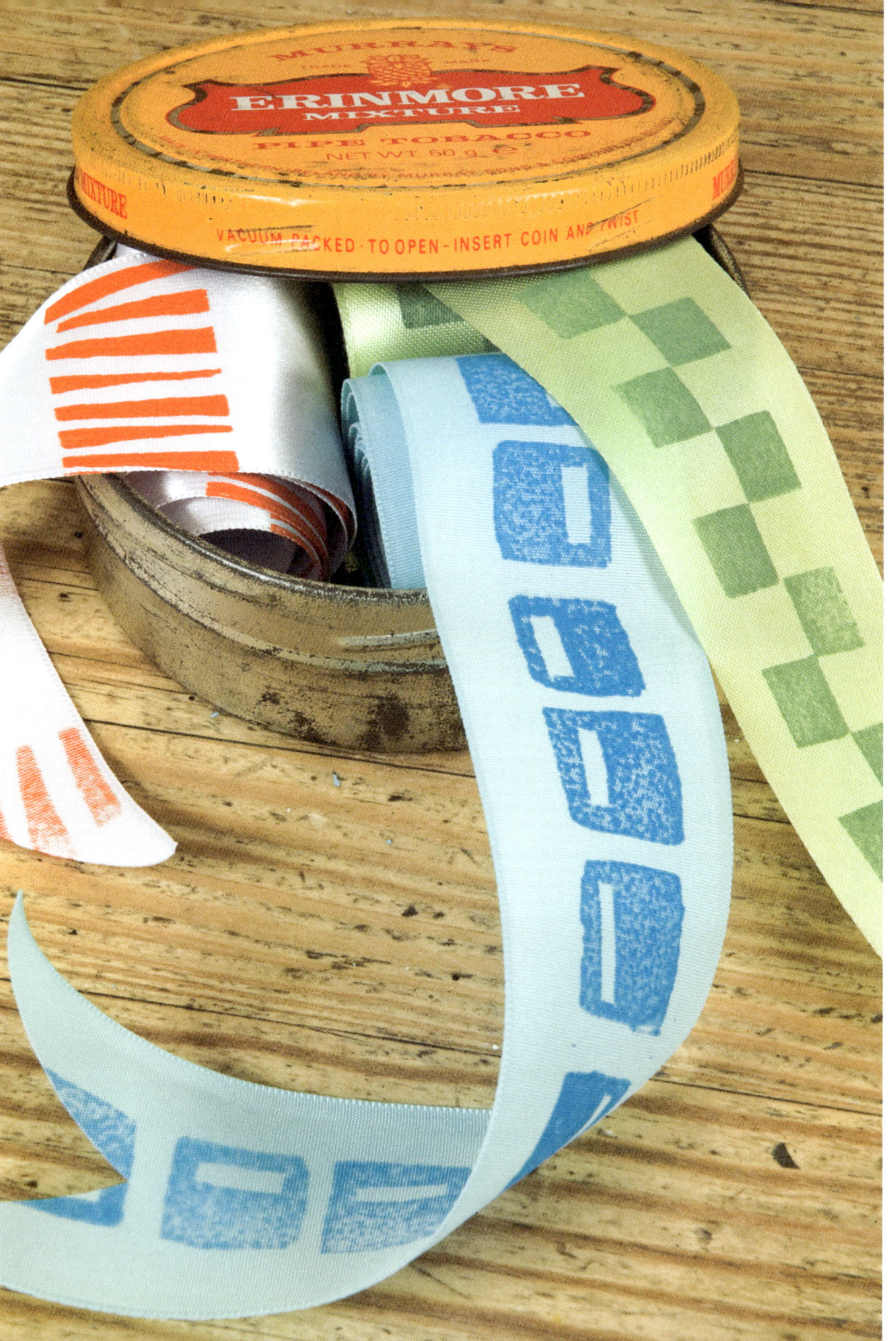
MURRAY'S
ERINMORE
MIXTURE
PIPE TOBACCO
VACUUM PACKED · TO OPEN - INSERT COIN AND TWIST

Materialien

Kunststoff- oder Kautschukradiergummi
Farben und Tinten
Mehrere Farbpinsel/Farbwalze/
Stempelkissen
Cutter, Linolschnitt- oder
Holzschnitzmesser
Küchenpapier
Pauspapier
Bleistift
Stoff, Papier (oder ein Material Ihrer
Wahl zum Bedrucken)

Druckstock und Druck anfertigen

Legen Sie sich zunächst eine Sammlung von Kunststoff- oder Kautschukradiergummis an. Diese sollten verschiedene Formen und Größen haben, damit Ihnen bei der Gestaltung Ihrer Muster und Motive mehr Möglichkeiten offenstehen. So eignet sich ein langer, dünner Radiergummi hervorragend für Streifenmuster, ein größerer quadratischer dagegen wunderbar für größere Motive.

Wählen Sie einen Radiergummi mit mindestens einer flachen Seite, aus der Sie ein Motiv herausschneiden können.

Entscheiden Sie sich für ein Motiv und zeichnen Sie es mit Bleistift auf die flache Seite des Radiergummis.

Schneiden Sie mit einem Cutter oder Linolschnittmesser das Material außerhalb des Motivs weg.

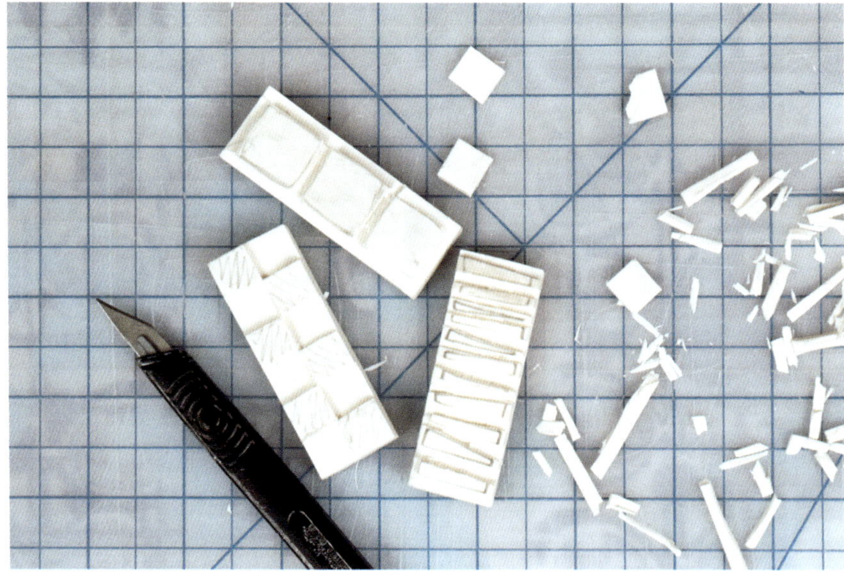

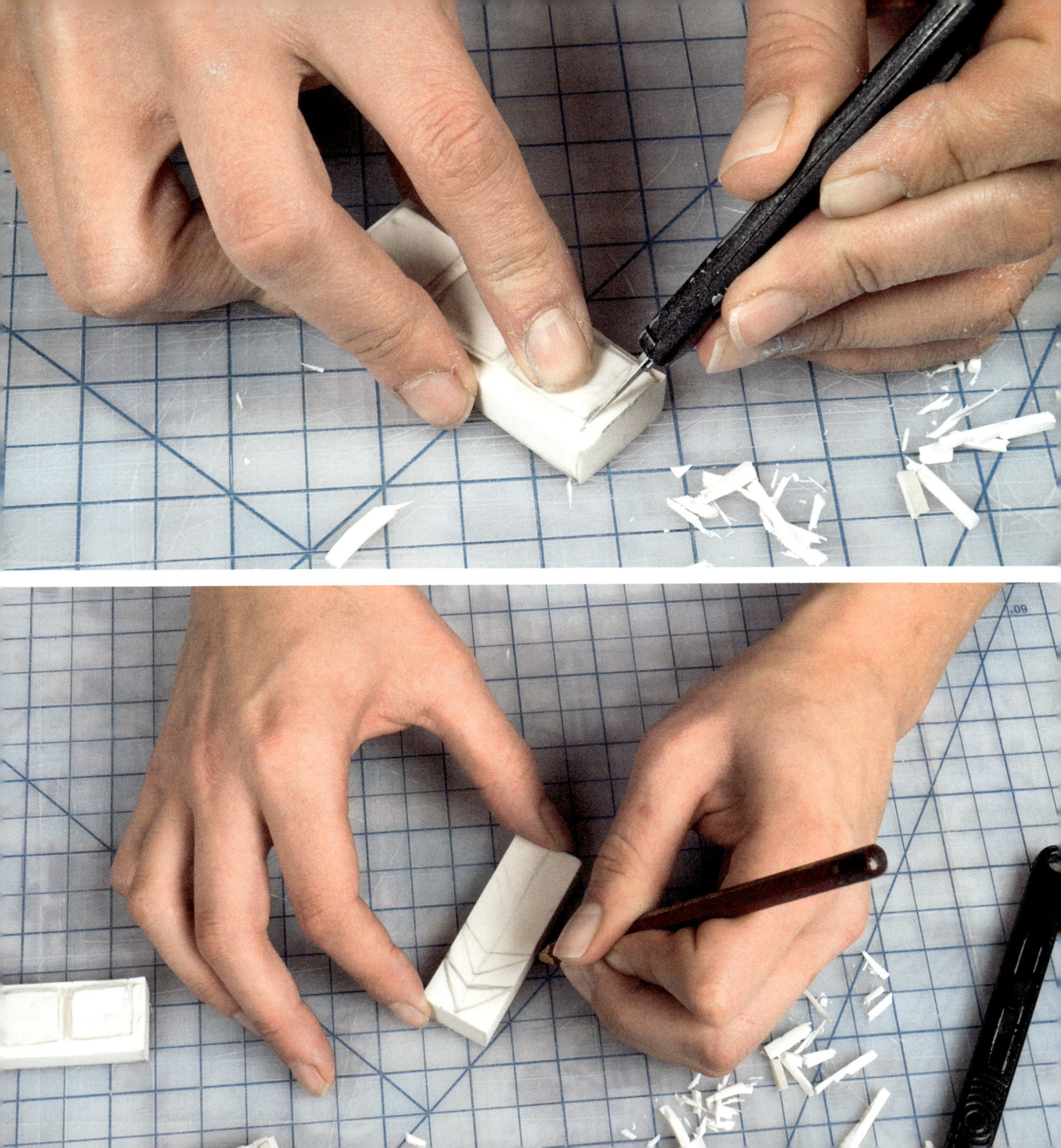

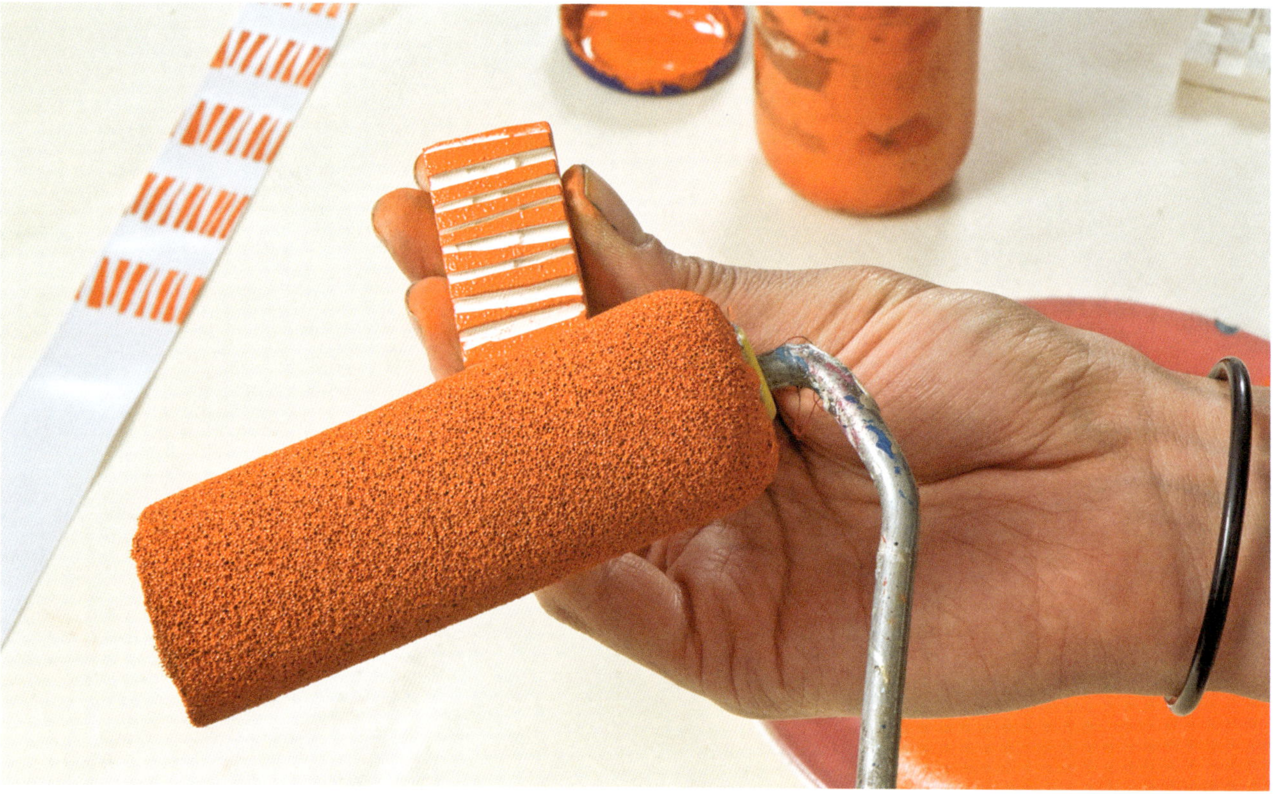

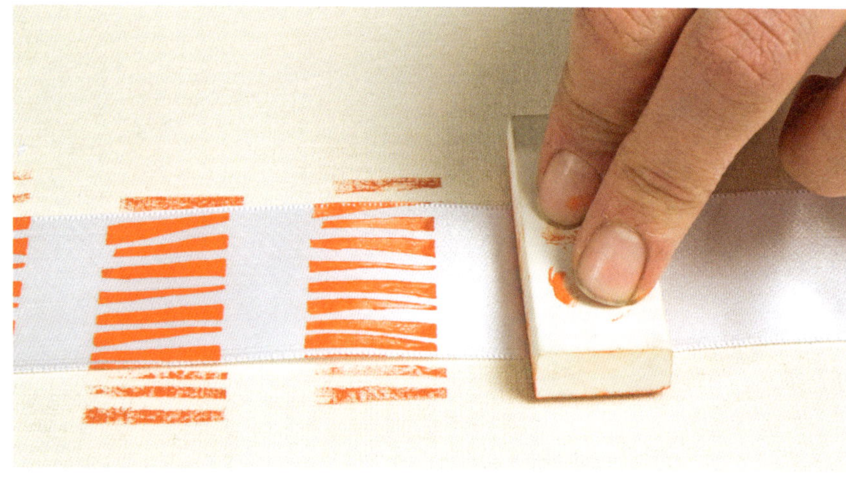

Tragen Sie die Tinte mit einem Pinsel, einer Farbwalze oder einem Stempelkissen auf.

Zum Drucken den Radiergummi einfach mit der mit Tinte bedeckten Seite auf das Material zum Bedrucken Ihrer Wahl pressen. Dabei den Stempel zwar kräftig, aber nicht zu fest aufdrücken – denken Sie daran, zuerst auf einem Papier- oder Stoffrest zu üben.

Nützliche Tipps

- **Seien Sie vorsichtig beim Herausschneiden des Motivs. Schneiden Sie stets vom Körper weg, damit Sie sich nicht verletzen.**
- **Beachten Sie, dass es die Negativflächen Ihres Entwurfs sind, die Sie abtragen, das heißt die Bereiche, die nicht gedruckt werden. Die Flächen, die stehen bleiben, drucken das Motiv.**
- **Radiergummis aus Kautschuk lassen sich etwas besser schneiden als solche aus Kunststoff.**

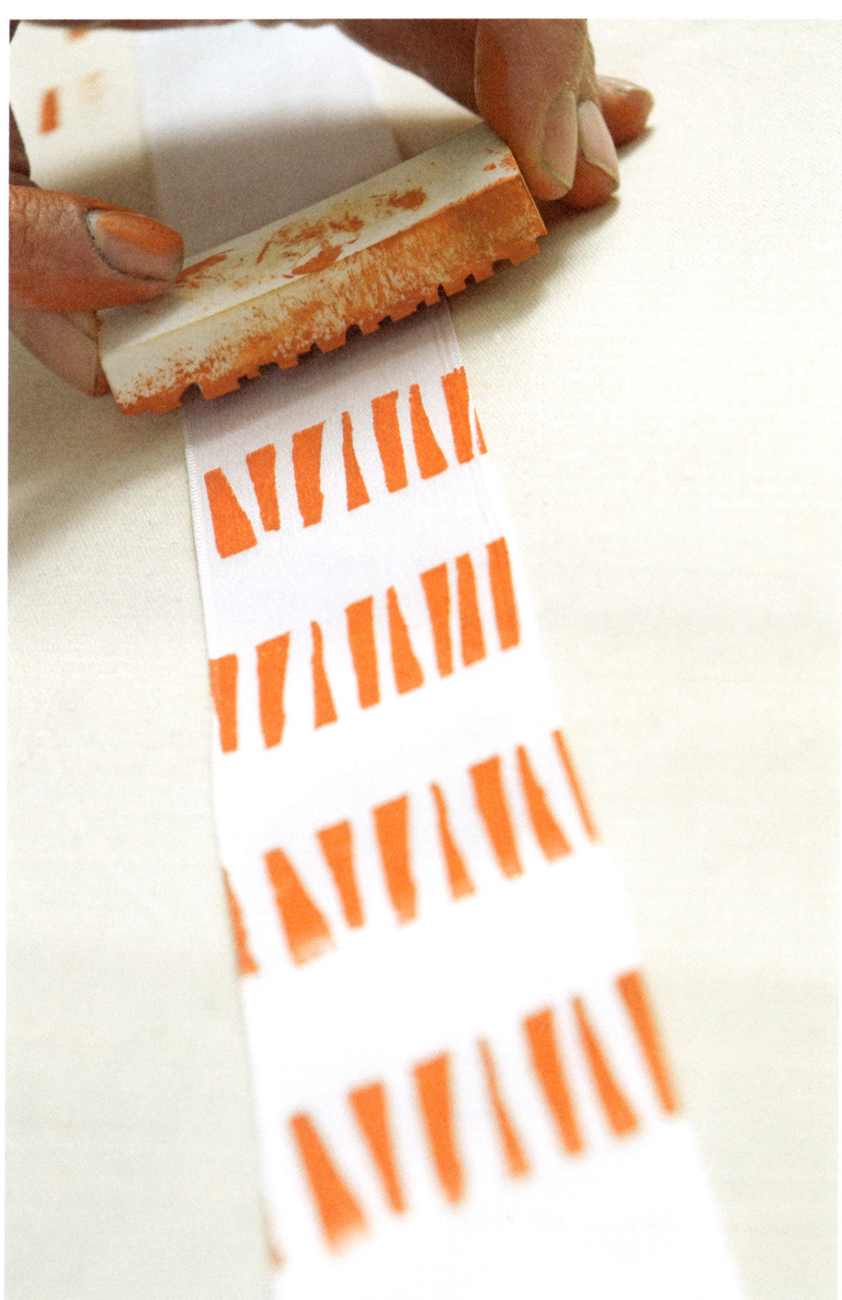

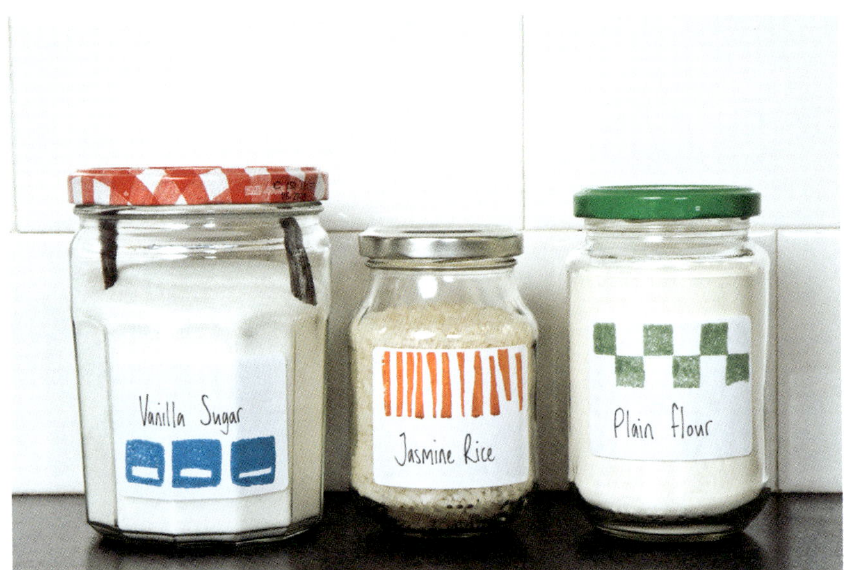

ETIKETTEN Mit handgedruckten Papieretiketten sieht jedes Glas für den Küchenschrank gleich viel freundlicher aus.

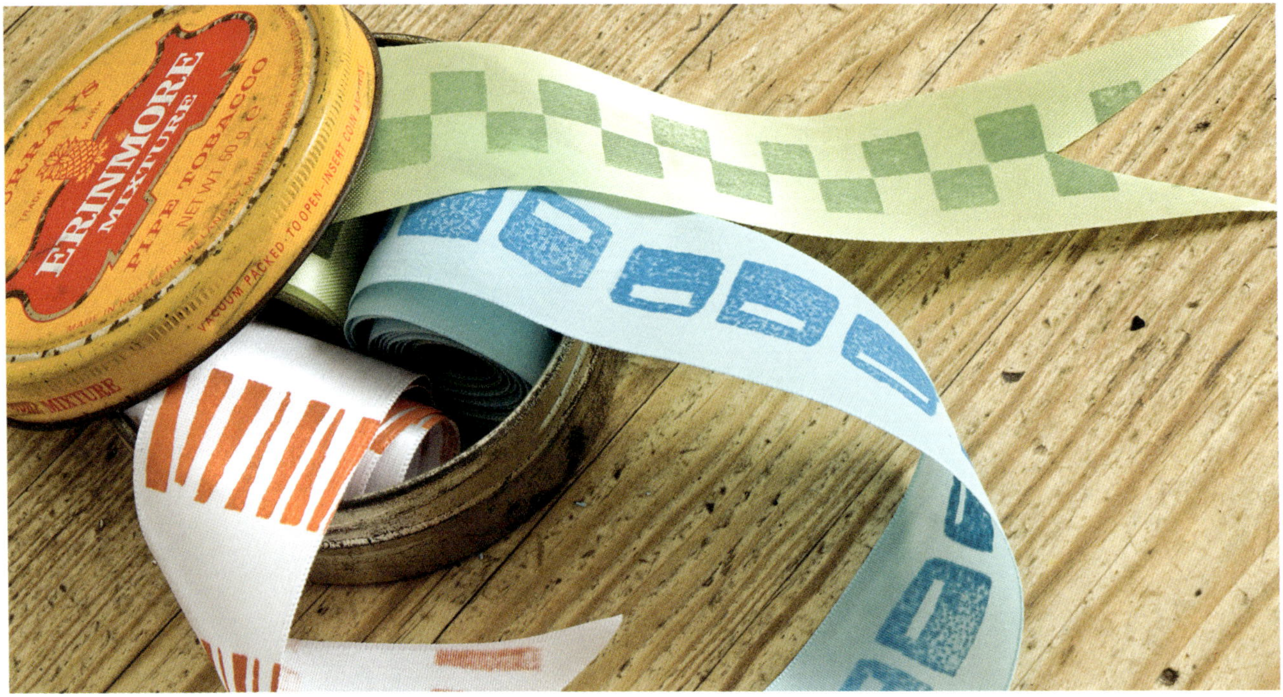

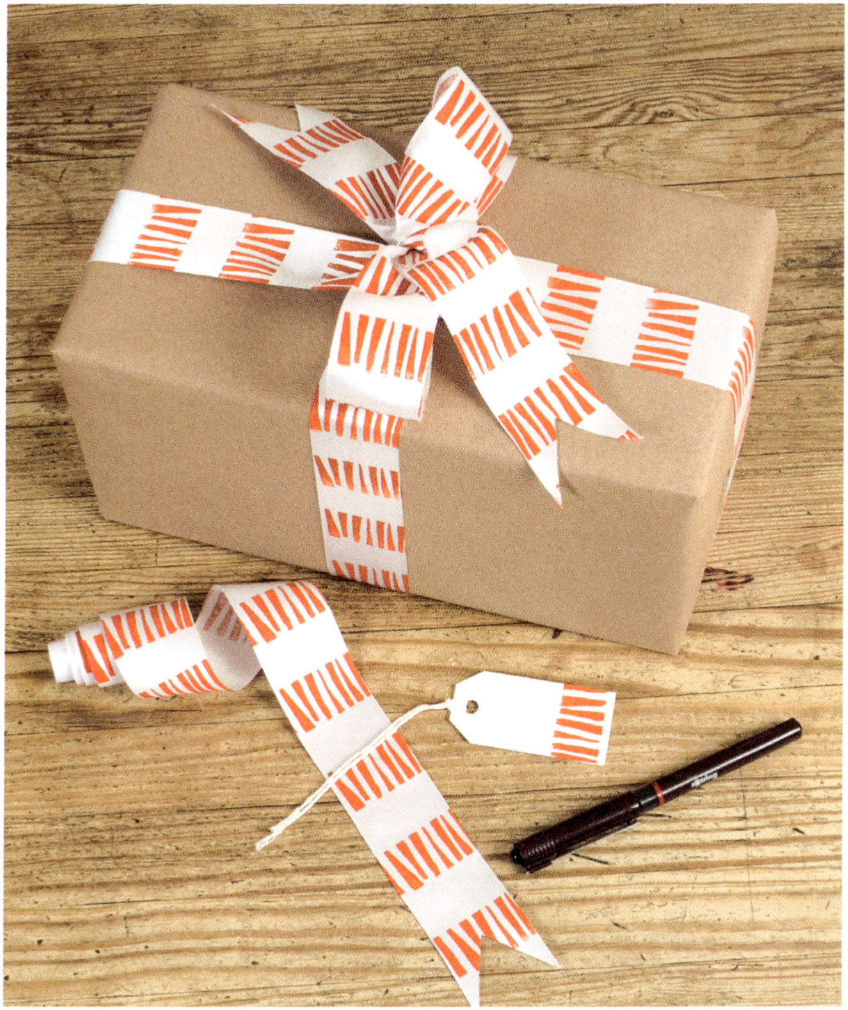

GESCHENKBAND Handbedruckte Bänder verleihen einem besonderen Geschenk den letzten Schliff.

ANHÄNGER Auch durch handbedruckte Anhänger erhält ein Geschenk für einen außergewöhnlichen Anlass eine persönliche Note.

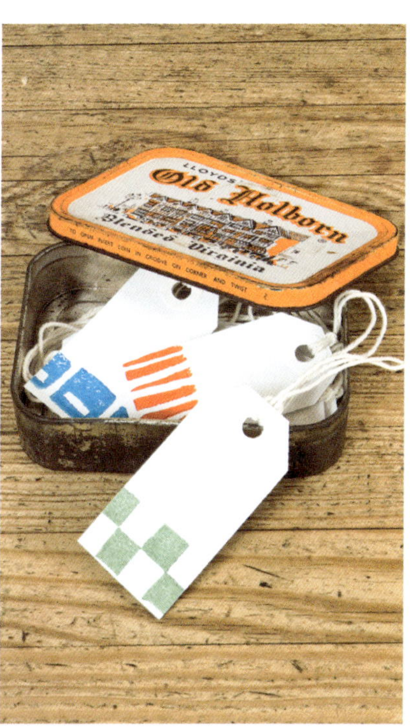

GUMMISTEMPELDRUCK

Beim Gummistempeldruck handelt es sich um eine der simpelsten Drucktechniken überhaupt. Gummistempel bekommen Sie im Fachhandel für Künstlerbedarf sowie in Schreibwaren- und Bastelgeschäften. Als Motivstempel sind sie in einer Fülle von verschiedenen Formen erhältlich, und auch an farbigen Stempelkissen besteht eine große Auswahl. Auf Wunsch können Sie sich auch ohne Weiteres einen Stempel nach Ihrer eigenen Zeichnung oder Ihrem eigenen Entwurf anfertigen lassen.

BEUTEL Sogar aus einem Wäschebeutel lässt sich mit etwas Mut und Fantasie ein außergewöhnliches Stück zaubern.

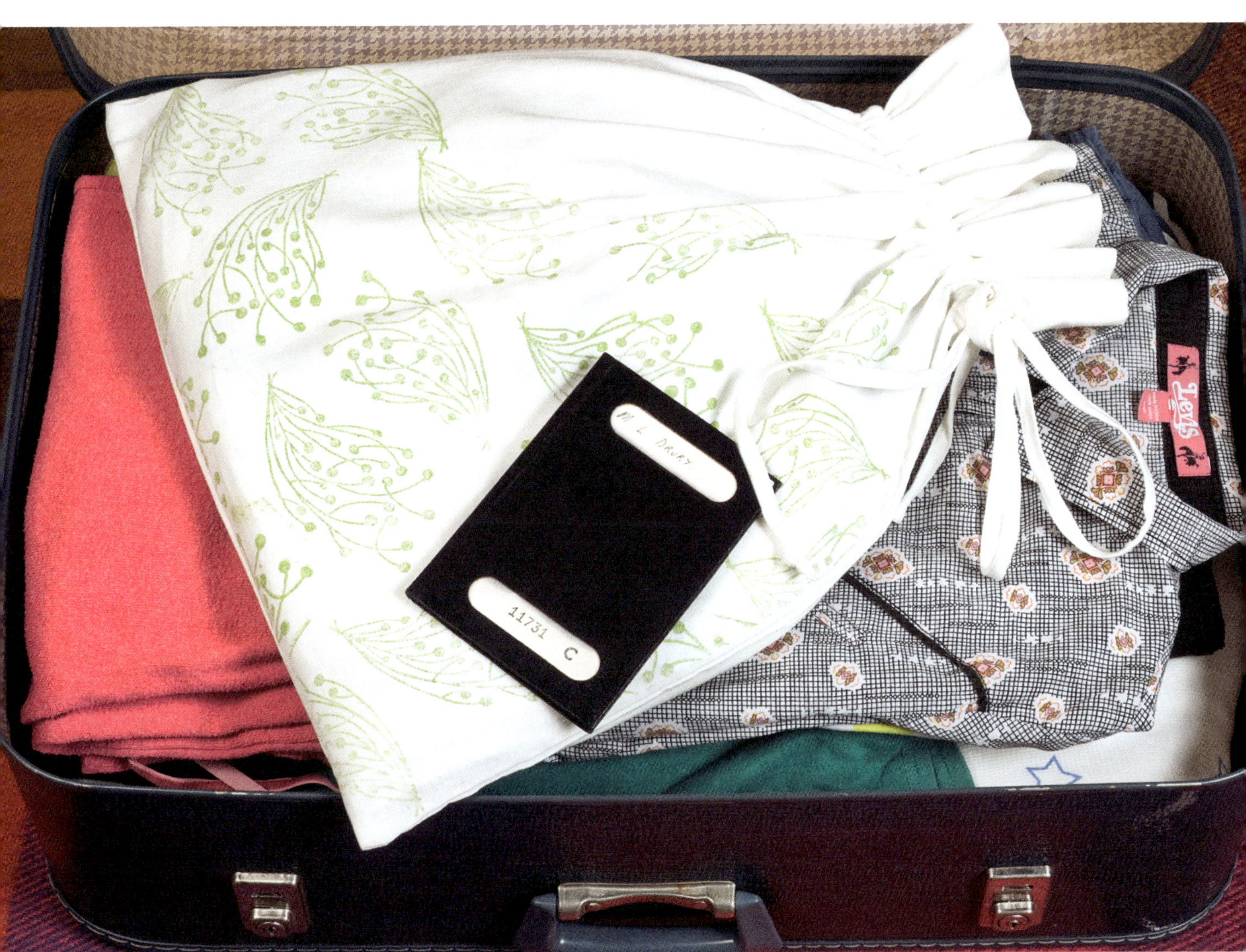

Materialien

Gummistempel
Stempelkissen/Schaumstoffwalze
Papier oder Stoff (oder das Material Ihrer Wahl zum Bedrucken)
Tinte/Farbe

Gummistempel eignen sich zum Bedrucken einer Vielzahl von Werkstoffen. Bei sehr glatten oder stark strukturierten Oberflächen kann es sich jedoch als etwas schwieriger erweisen, ein gutes Ergebnis zu erzielen.

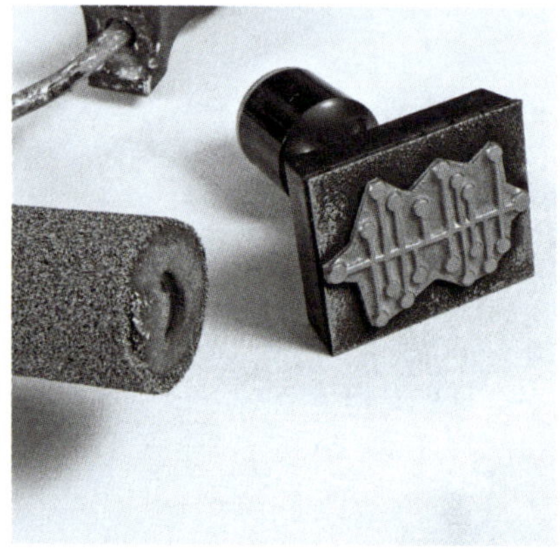

Drucken

Tragen Sie Tinte auf den Stempel auf, indem Sie ihn auf das Stempelkissen pressen oder die Tinte mit einer kleinen Schaumstoffwalze direkt auf den Stempel auftragen.

Drücken Sie den Stempel fest auf das zu bedruckende Material.

Das war's schon!

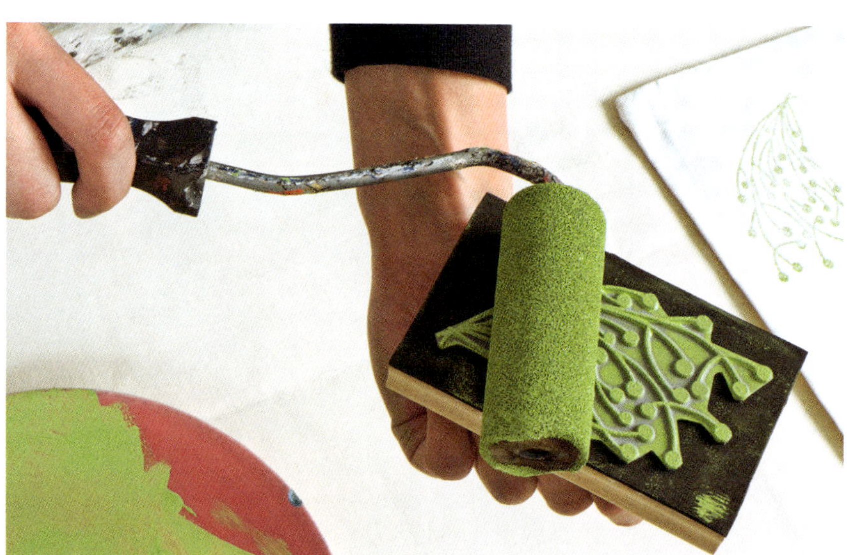

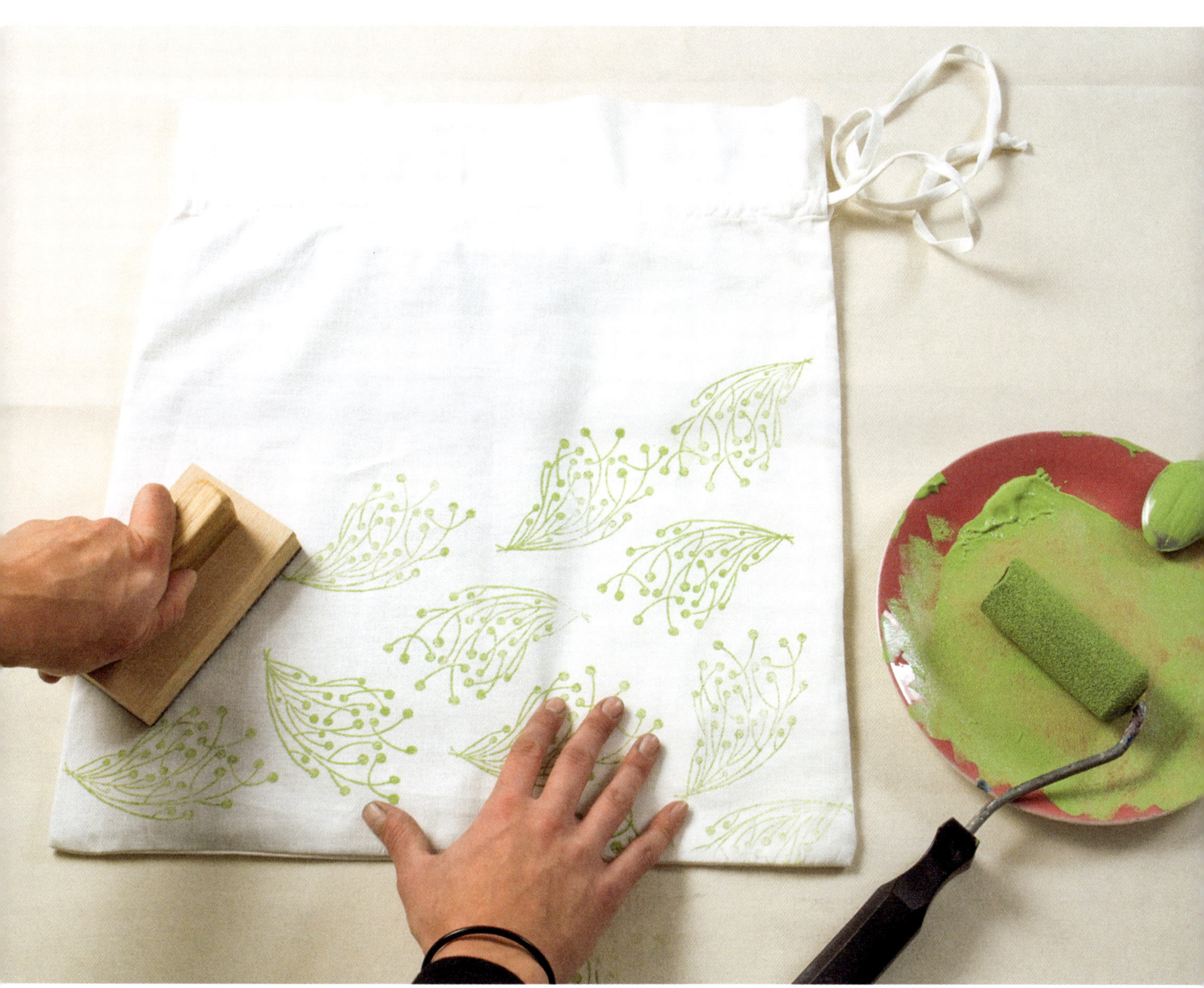

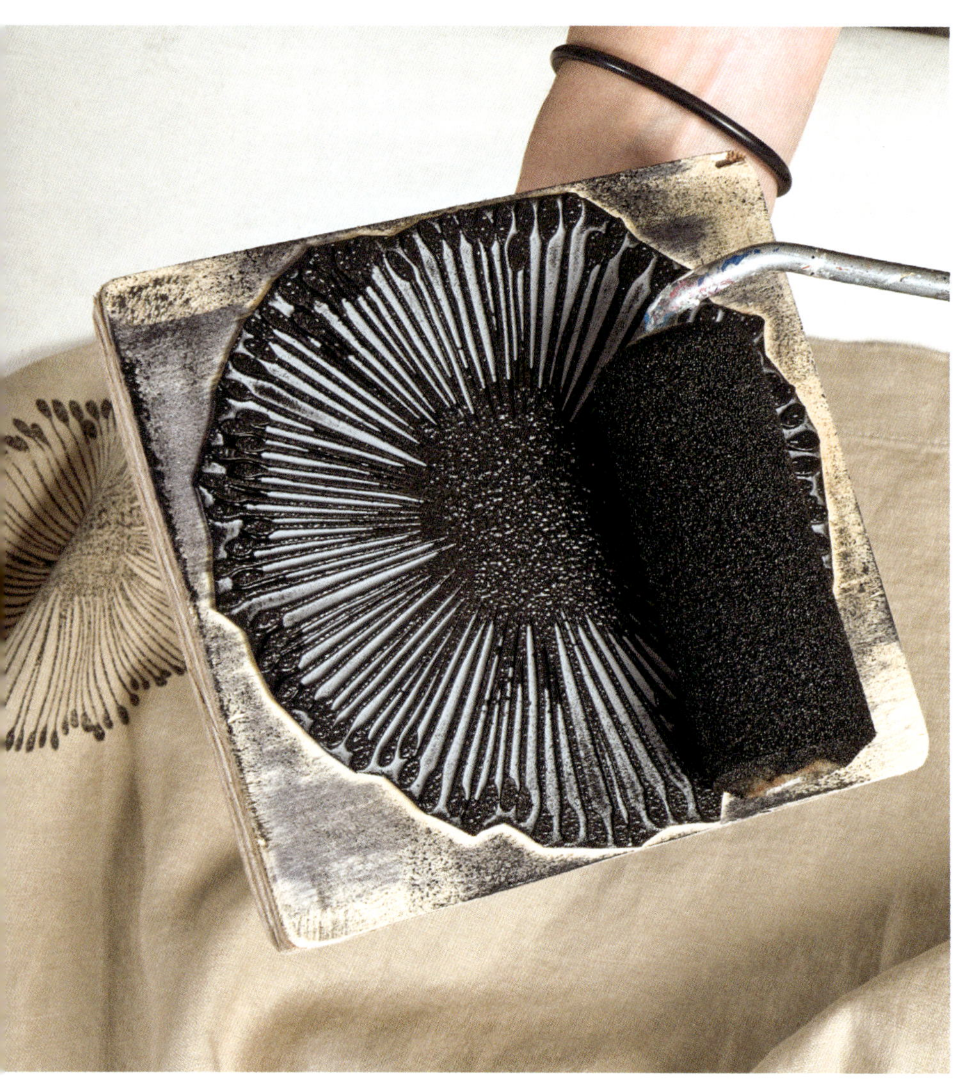

Nützliche Tipps

- Selbst wenn es sich hierbei um eine einfache Methode handelt, sollten Sie sie dennoch zuerst ausprobieren. Verschiedene Stoffe und Materialien erfordern unterschiedlich starken Druck. Durch ein paar Übungen vorab lassen sich unnötige Fehler vermeiden.

- Nach mehrmaligem Drucken kann sich auf dem Grund und an den Kanten des Stempels Tinte angesammelt haben. Ist dies der Fall, wischen Sie Grund und Kanten mit einem sauberen Tuch oder Küchenpapier ab und drucken dann erst weiter.

- Ist alles fertig gedruckt, waschen Sie den Stempel in warmem Wasser ab, tupfen ihn mit einem Tuch ab und lassen ihn an der Luft gründlich trocknen. Danach können Sie ihn von Neuem benutzen.

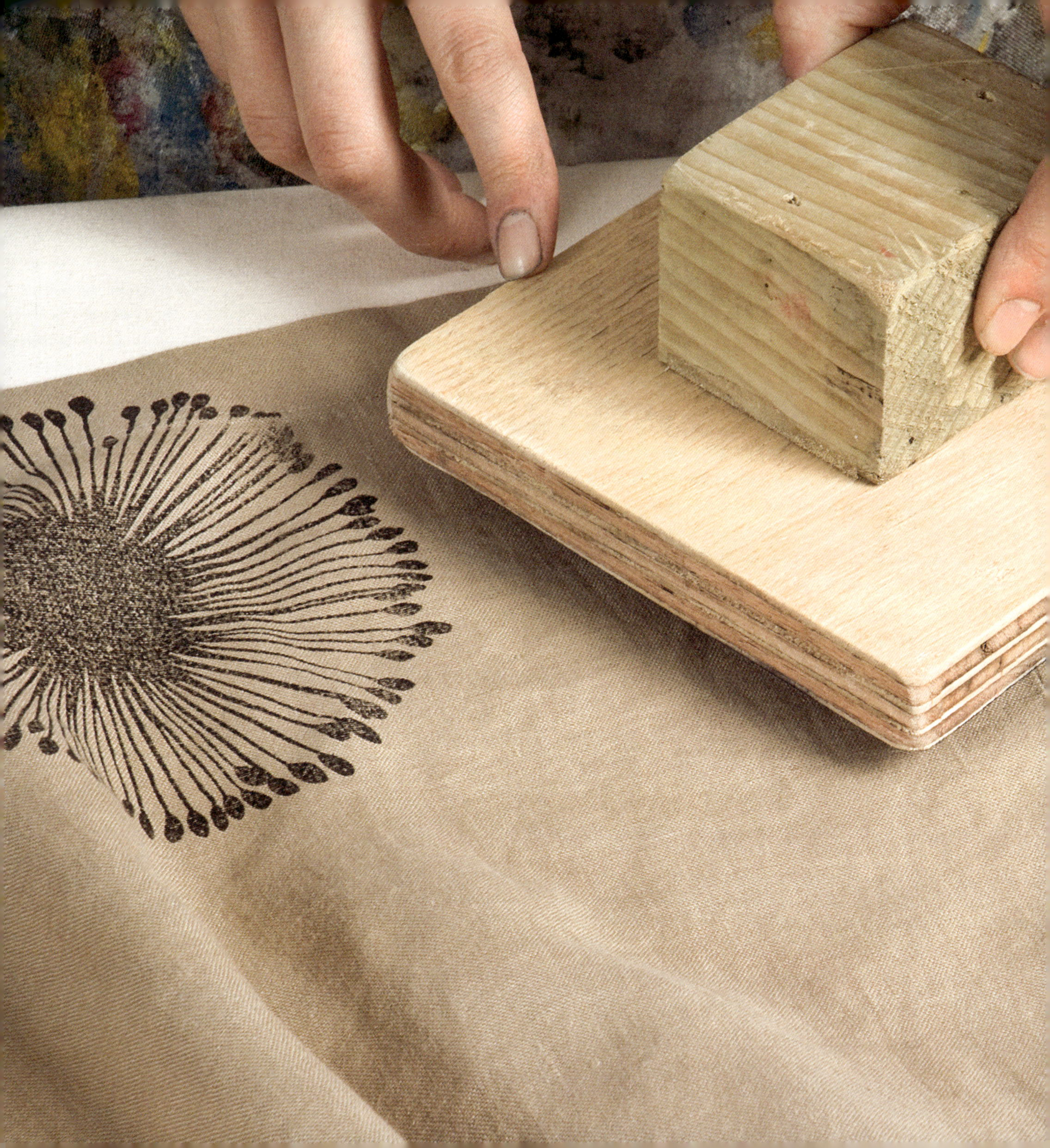

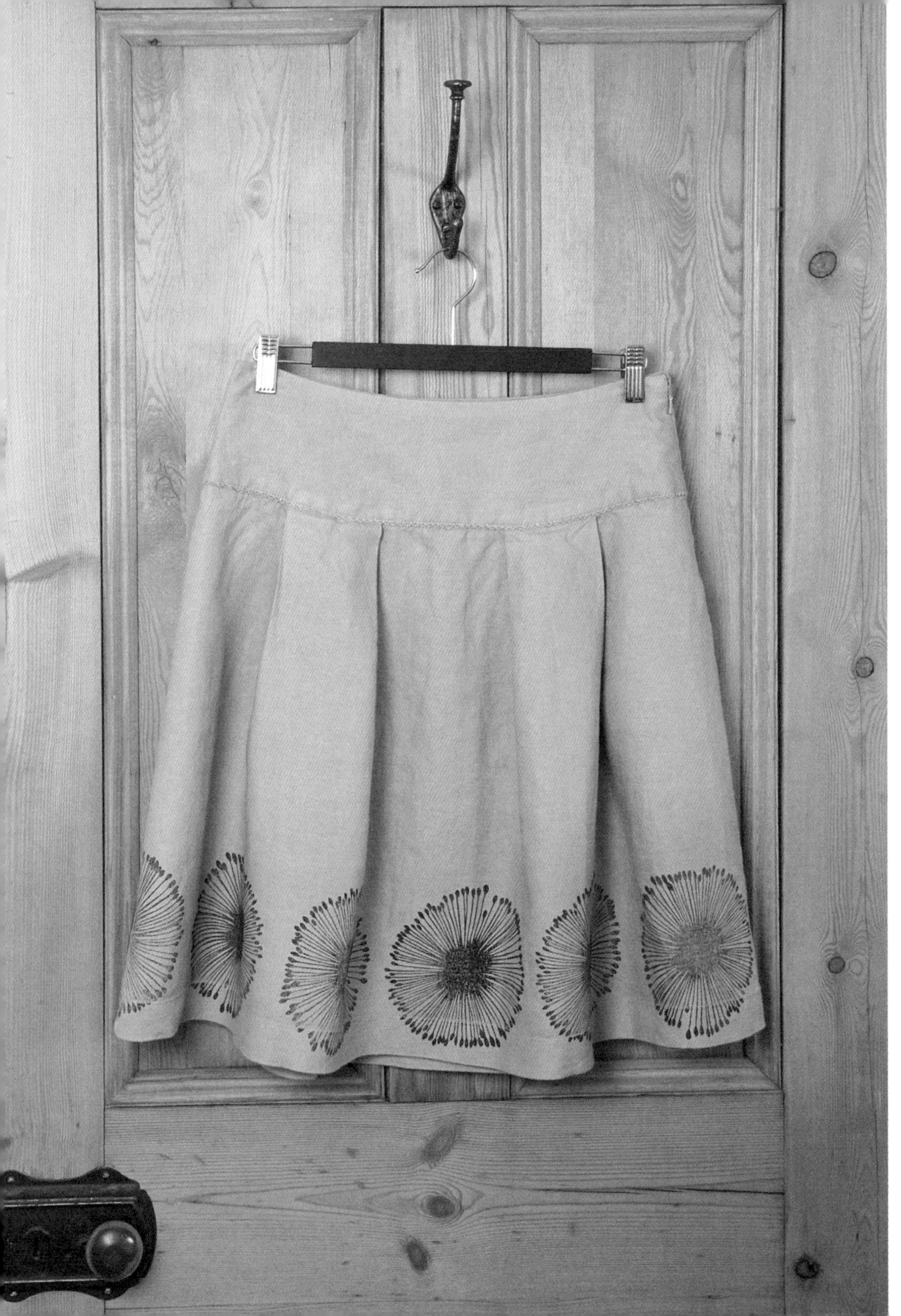

ROCK Verwandeln Sie einen gewöhnlichen Rock in ein außergewöhnliches Einzelstück, indem Sie ihm Ihren Stempel aufdrücken.

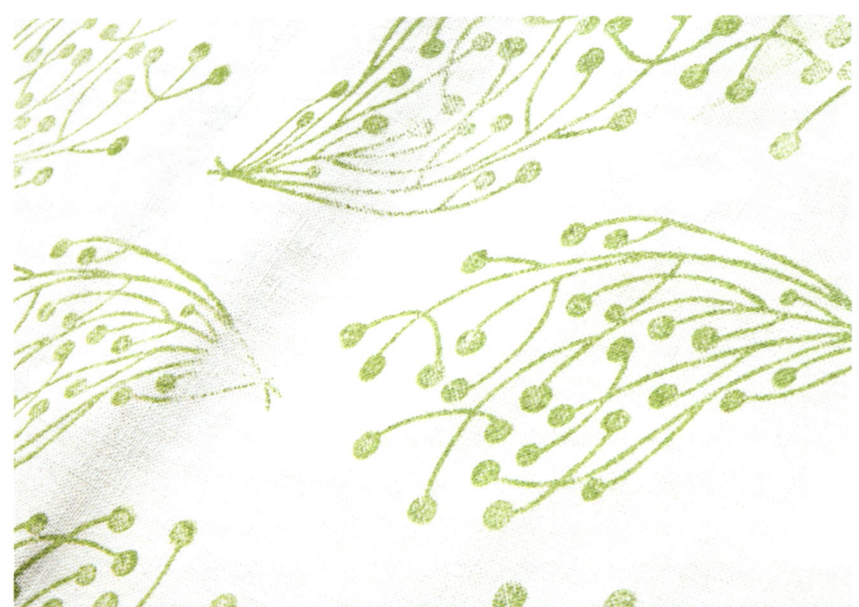

KARTEN Handgefertigte Karten sind ein Zeichen Ihrer Zuneigung.

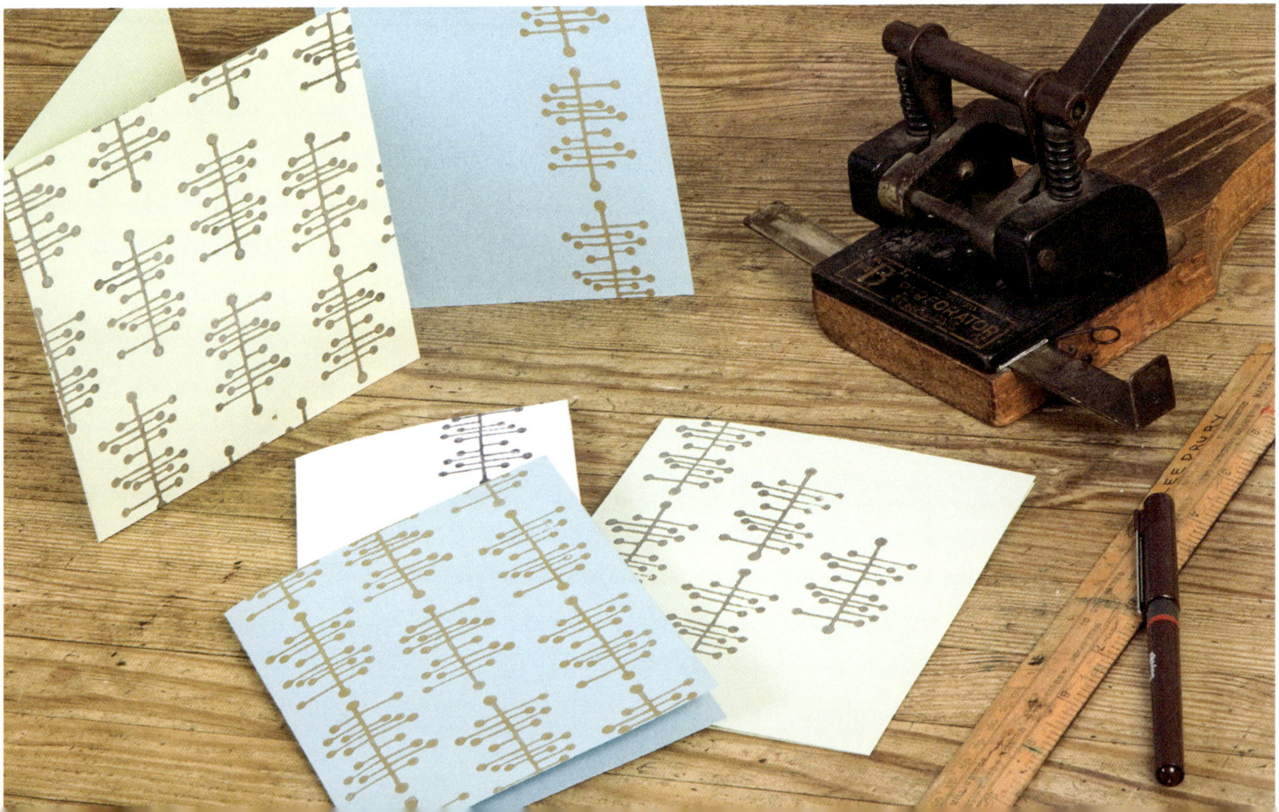

HOLZSCHNITT MIT ALTEN DRUCKSTÖCKEN

Der Holzschnitt ist ein erheblich komplexeres und technisch anspruchsvolleres Verfahren als alle anderen in diesem Abschnitt und setzt eine spezielle Ausstattung und Werkzeuge voraus. Das eigentliche Schneiden des Holzdruckstocks oder Holzmodels erfordert Können, Zeit und Geduld. Beim Holzschnitt handelt es sich um eine uralte Technik. Wie man weiß, gab es im Norden Chinas Holzdruckstöcke bereits ab 627 v. Chr. Auch in Europa waren sie bereits zu Beginn des 15. Jahrhunderts allgemein verbreitet.

Alte Holzdruckstöcke findet man in Antiquitätengeschäften und Trödelläden, auf Flohmärkten oder in Auktionshäusern im Internet. Man kann ihnen neues Leben einhauchen und sie wieder in Gebrauch nehmen. Dank dieser ethisch wertvollen und interessanten Wiederverwendung lassen sich Objekte anfertigen, die nicht nur Unikate, sondern auch außergewöhnliche Stücke sind.

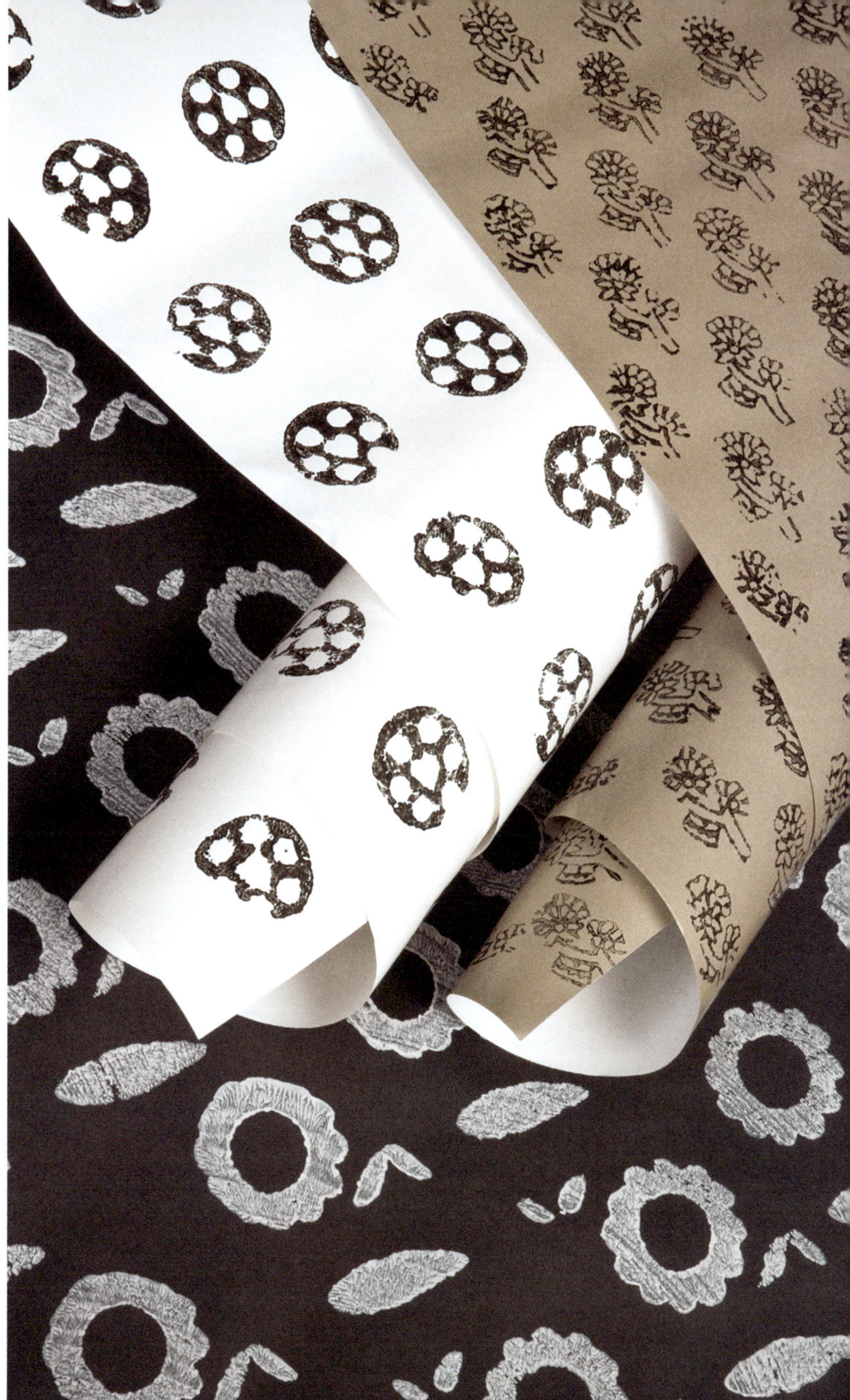

Materialien

Alter Holzdruckstock
Tinten oder Stempelkissen/kleine Schaumstoffwalze
Stoff, Papier (oder das Material zum Bedrucken Ihrer Wahl)

Drucken

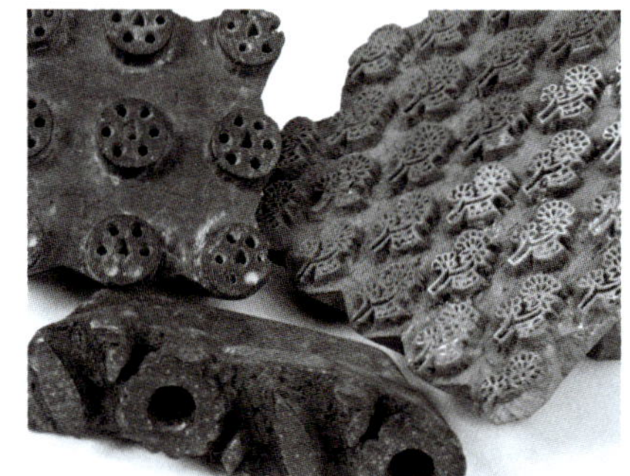

Die Tinte auf den Druckstock auftragen, indem Sie ihn auf ein Stempelkissen drücken oder die Tinte mit einer kleinen Schaumstoffwalze direkt auf den Druckstock auftragen. Der Farbauftrag muss glatt und gleichmäßig sein.

Das Holzmodel fest auf das Material zum Bedrucken pressen.

Nützlicher Tipp

- **Befolgen Sie die Hinweise zum Gummistempeldruck, da für beide Methoden vergleichbare Bedingungen gelten.**

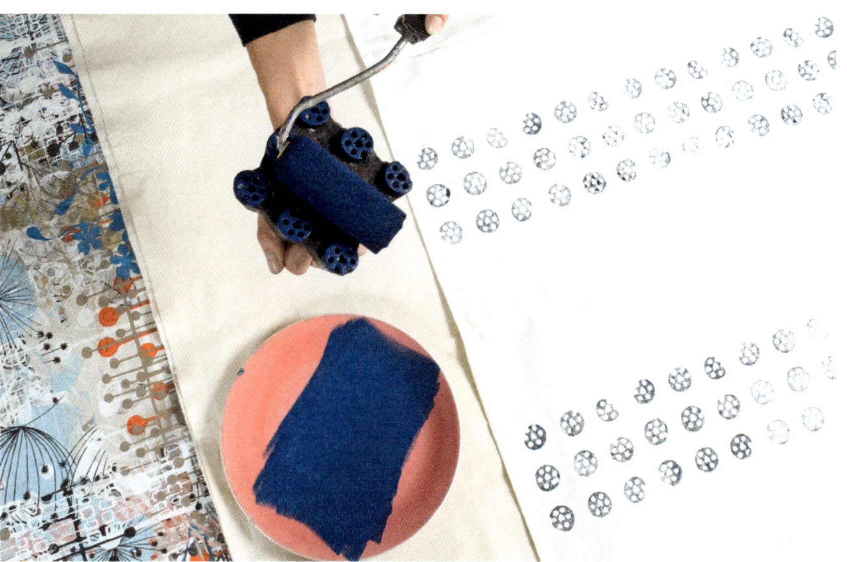

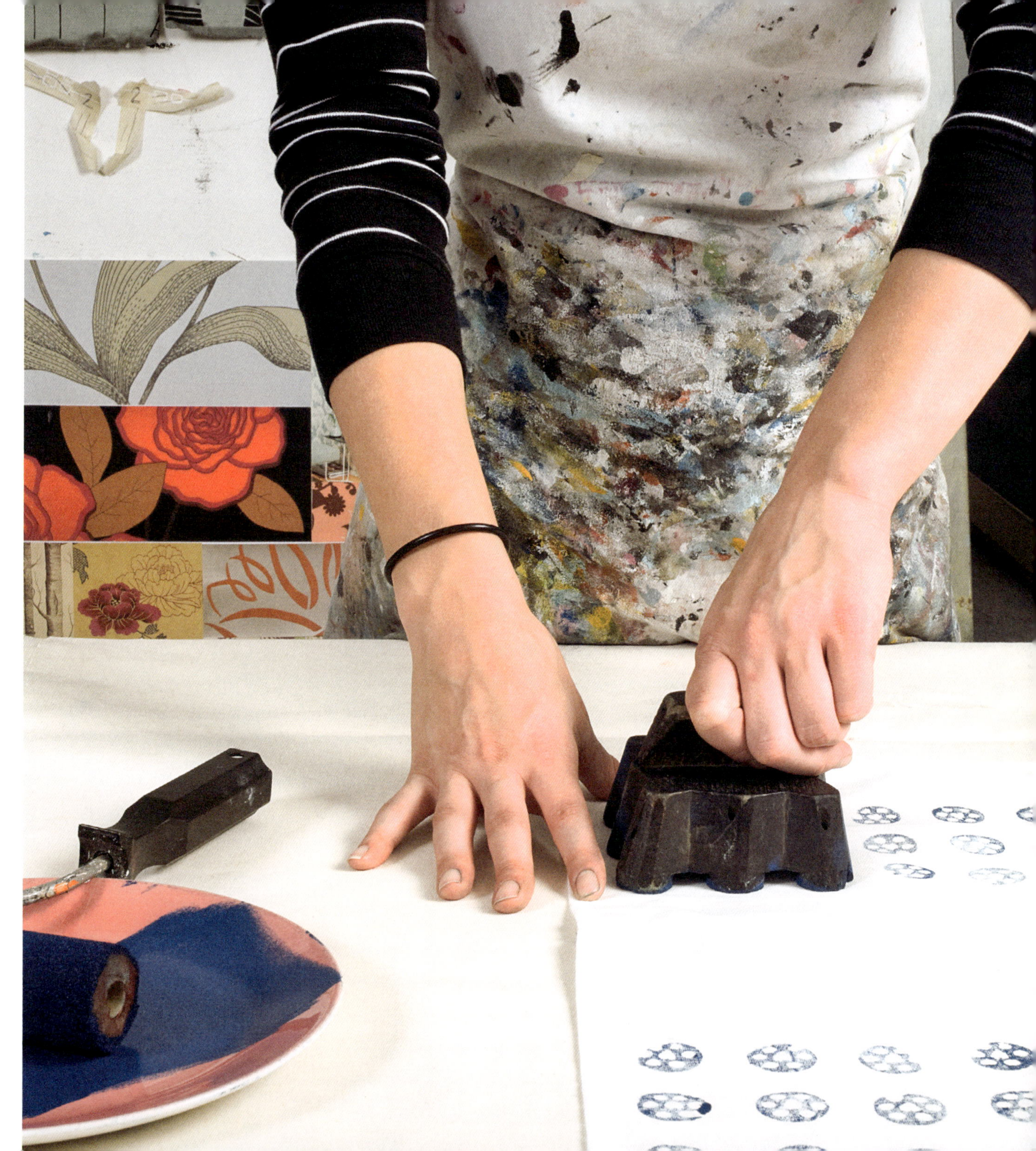

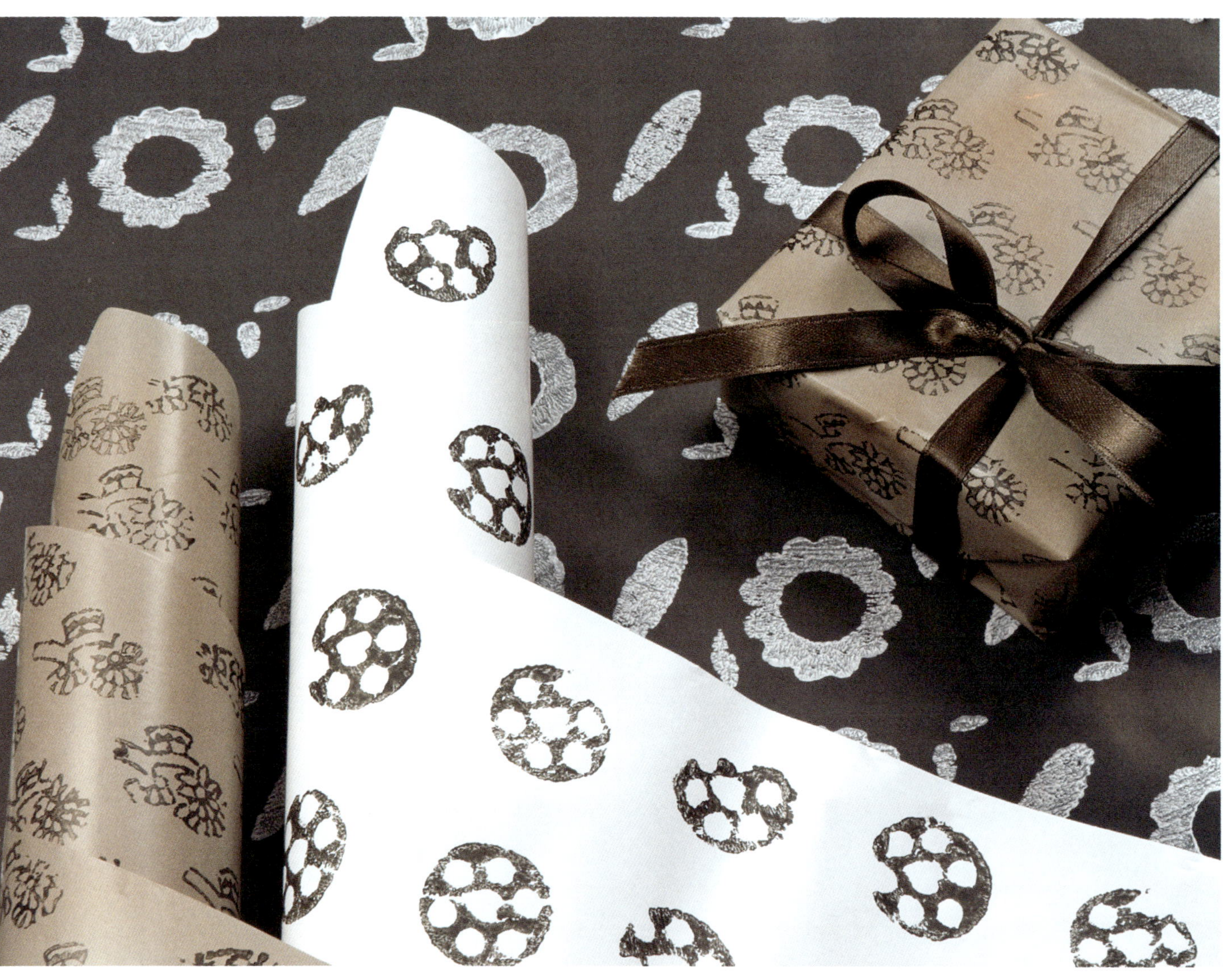

GESCHENKPAPIER Eine Hülle aus eigenhändig mit Holzmodeln bedrucktem Papier ist das Tüpfelchen auf dem i für ein nicht alltägliches Geschenk.

RAFFROLLO Mit alten Holzdruckstöcken lassen sich die meisten Stoffe und Papiere bedrucken. Sie eignen sich hervorragend zum Verzieren von schlichten Gegenständen wie diesem Raffrollo.

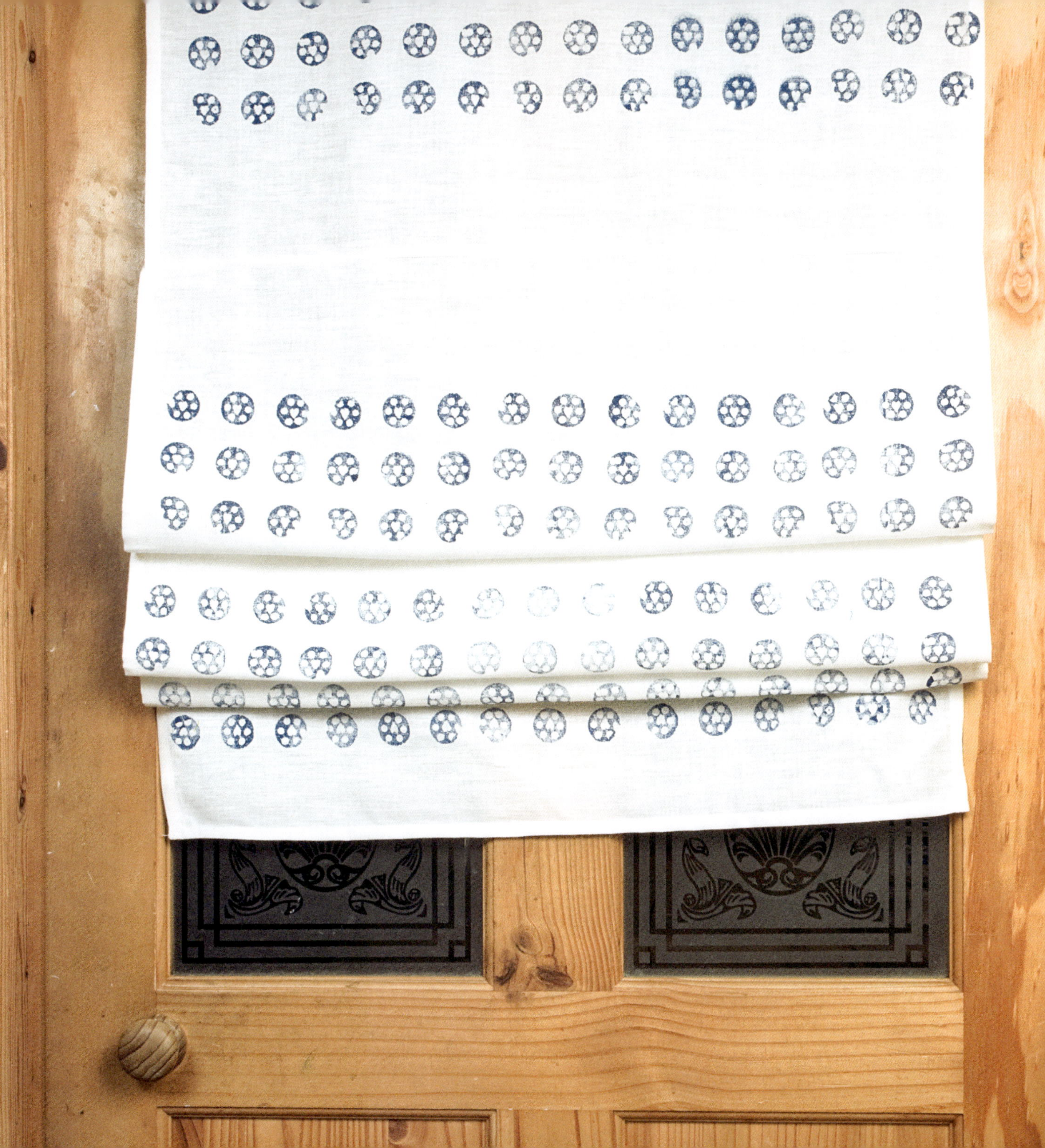

SCHABLONENDRUCK

Beim Schablonendruck handelt es sich um eine einfache, grundlegende Drucktechnik. Sie ist jedoch außergewöhnlich vielseitig und kann zu hinreißenden Ergebnissen führen. Die Anfertigung einer Schablone ist recht einfach, und wieder einmal sind die Anforderungen in Bezug auf Materialien und Ausrüstung nicht allzu speziell. Angefangen von Papier und Stoff bis hin zu Wänden, Fußböden, Möbeln und Accessoires, eignet sich der Schablonendruck für so viele verschiedene Werkstoffe und Flächen, dass die Möglichkeiten praktisch grenzenlos sind.

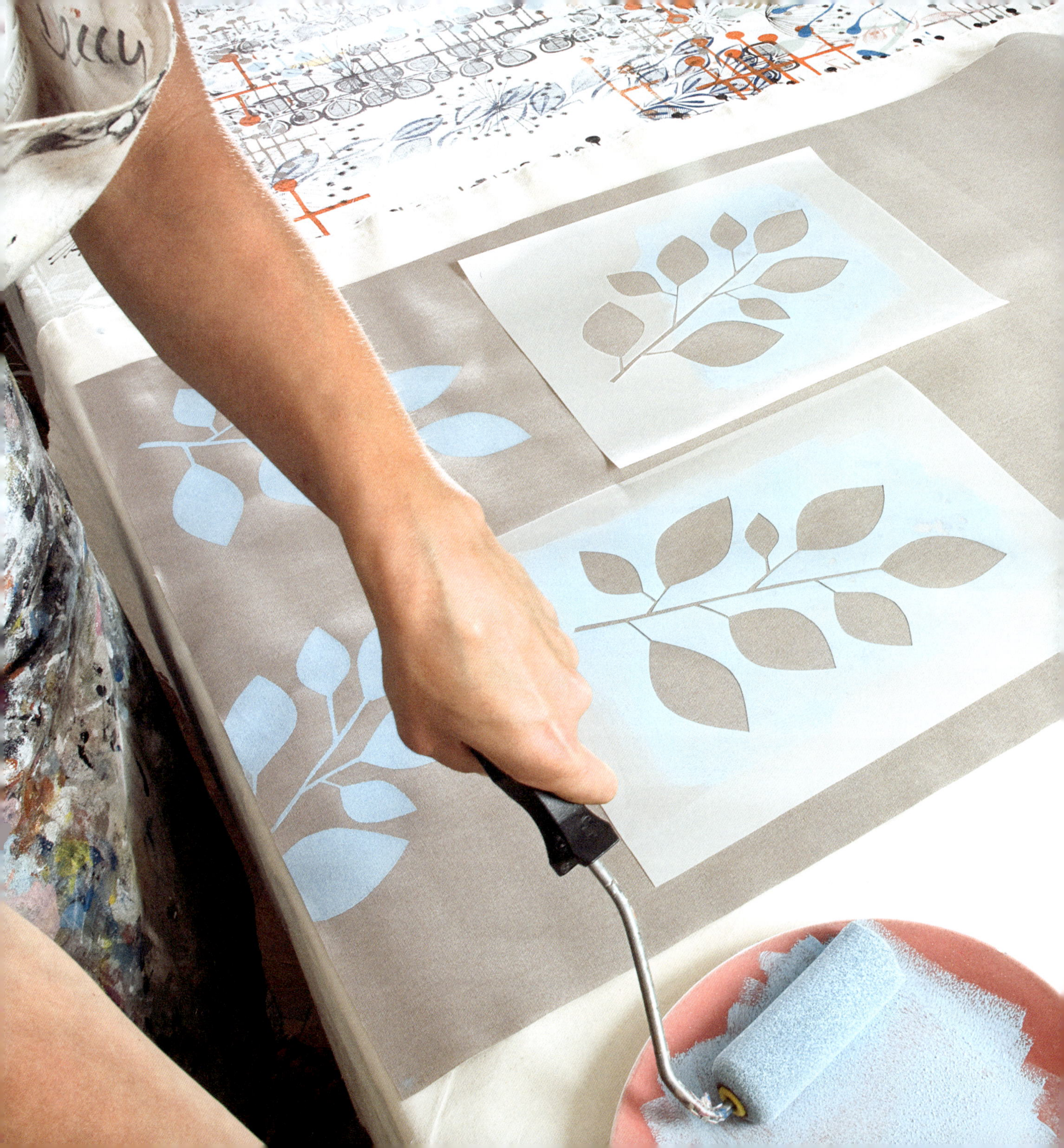

Materialien

Dickes Papier oder Pappe, Acetatfolie oder Architektenfolie
Permanentmarker
Skalpell/Cutter
Schneidematte oder ein Stück dicke Pappe
Farben/Tinten
Abdeckband
Schablonenpinsel, Schwamm oder kleine Schaumstoffwalze
Ablösbarer Sprühkleber

Schablonen können Sie aus vielen verschiedenen Papieren und Kunststoffen zuschneiden. Schablonen aus einem Kunststoffmaterial wie Acetatfolie oder Architektenfolie sind haltbarer. Sie lassen sich problemlos mehrmals nacheinander zum Drucken benutzen, unbeschadet abwaschen und wiederverwenden. Acetatfolie bekommen Sie ohne Weiteres in jedem Schreibwarengeschäft. Architektenfolie aus Polyester ist ein gängiges Schablonenmaterial und im Fachhandel für Künstlerbedarf erhältlich. Falls Sie sich für Acetat- oder Architektenfolie entscheiden, können Sie die Schablone auf der Rückseite mit ablösbarem Sprühkleber versehen. So haftet sie am Material zum Bedrucken, und aufgrund des Klebers kann so schnell auch keine Tinte oder Farbe unter die Schablone fließen.

Das Material, das Sie bedrucken wollen, bestimmt, welche Art von Tinte Sie wählen müssen. Zum Auftragen der Tinte bieten sich ein Schablonenpinsel, ein Schwamm oder eine Schaumstoffwalze an. Bei einem Schablonenpinsel handelt es sich um einen vorn abgeflachten Rundpinsel, mit dem man die Tinte durch die Ausschnitte in der Schablone auf den Untergrund tupft. Schablonenpinsel gibt es in vielen verschiedenen Größen. Daher können sie ebenso für kleine Details wie für größere Flächen eingesetzt werden. Auch ein Schwamm eignet sich zum Auftragen der Tinte, wir ziehen jedoch eine kleine Schaumstoffwalze vor. Solche Walzen gibt es in jedem Baumarkt oder Fachgeschäft für Maler- und Tapezierbedarf.

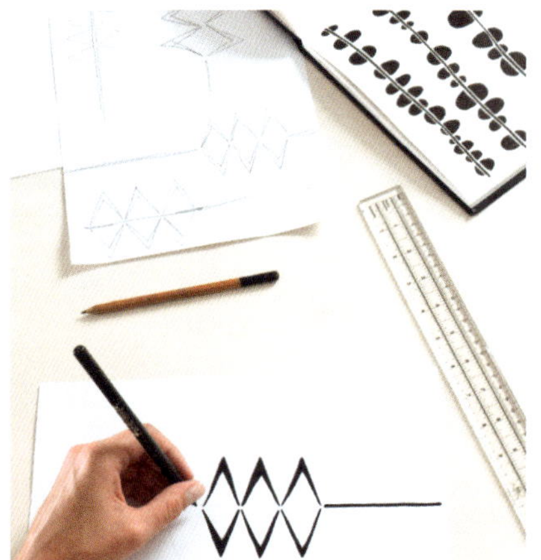

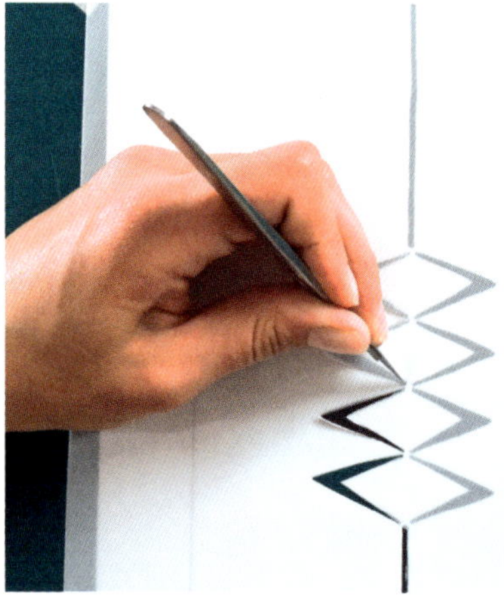

Die Schablone anfertigen

Zeichnen Sie zunächst Ihre Form oder Ihr Motiv in ein Skizzenbuch oder auf ein Blatt Papier.

Wenn Sie Ihr Muster oder Motiv fertig ausgearbeitet haben, fotokopieren Sie es (dies ist auch der richtige Zeitpunkt, um es nach Wunsch zu vergrößern oder zu verkleinern).

Die Fotokopie auf eine Schneidematte legen und an den Ecken mit Abdeckband darauf befestigen. Die Acetat- oder Architektenfolie auf die Kopie legen und die Ecken ebenfalls auf der Matte festkleben, damit die Folie beim Schneiden nicht verrutschen kann.

Nun die Form mit einem scharfen Skalpell/Cutter ausschneiden. Benutzen Sie dabei stets eine Schneidematte oder dicke Pappe als Unterlage, damit Ihre Arbeitsfläche geschützt ist.

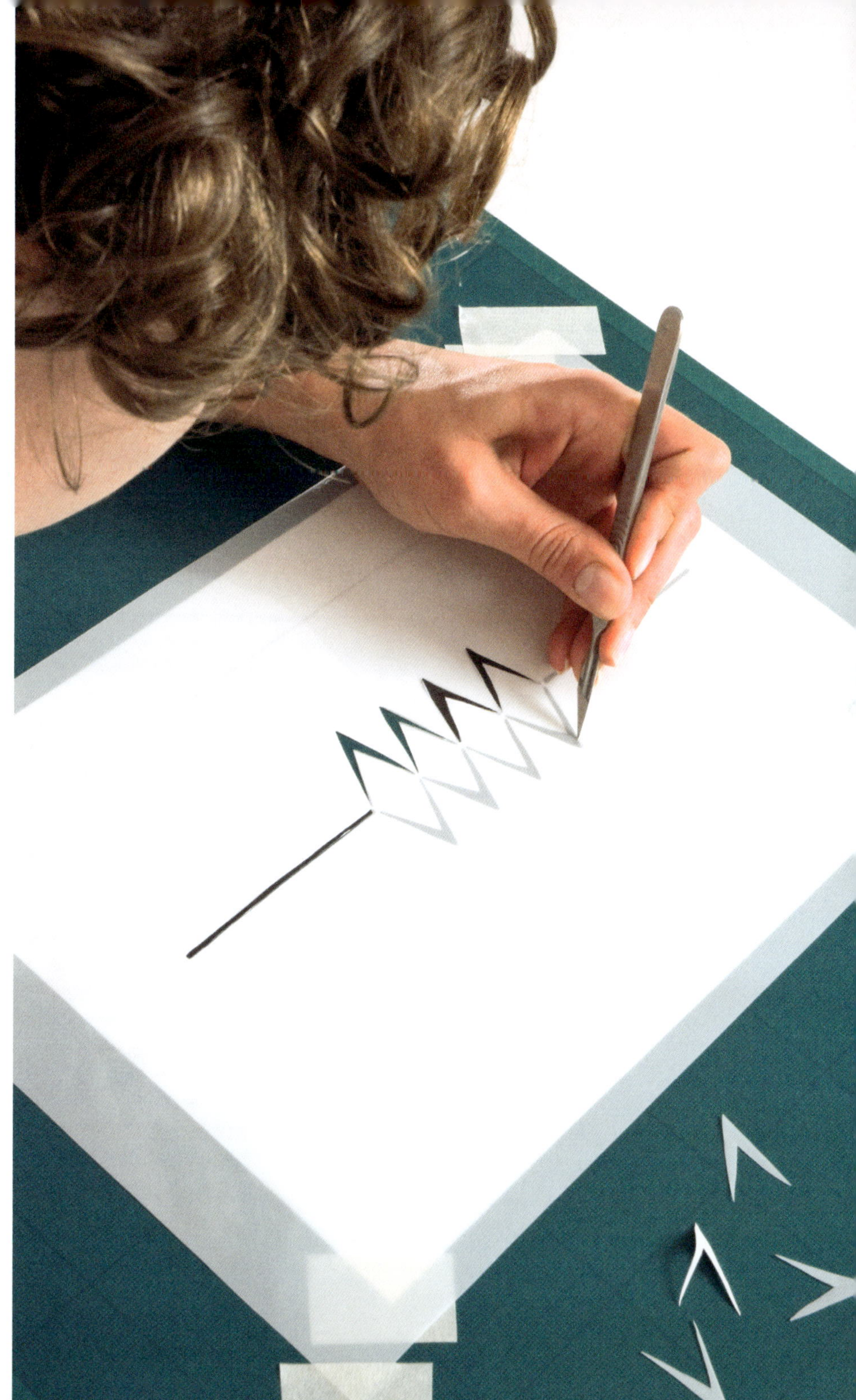

Drucken

Legen Sie die zugeschnittene Schablone auf das gewählte Material zum Bedrucken und befestigen Sie sie darauf mit Abdeckband oder ablösbarem Sprühkleber.

Geben Sie die Tinte auf einen Teller und tränken Sie damit Ihren Pinsel oder Schwamm oder die Schaumstoffwalze.

Die Tinte in mehreren dünnen Schichten übereinander auftragen, bis eine dickere Farbschicht aufgebaut ist. Trägt man zu viel Tinte auf einmal auf, fällt das Druckbild ungleichmäßig aus und die Konturen der Form können verlaufen.

Nach dem Drucken des Motivs die Schablone vorsichtig entfernen. Sieht Ihr Entwurf mehrere Farben oder Farbschichten vor, müssen Sie stets darauf achten, dass die Tinte getrocknet ist, ehe Sie mit dem Drucken der nächsten Schicht beginnen.

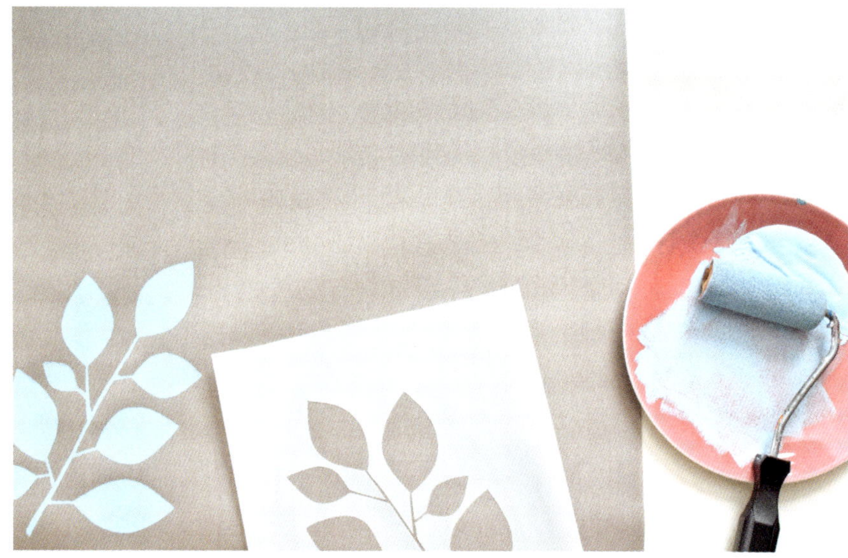

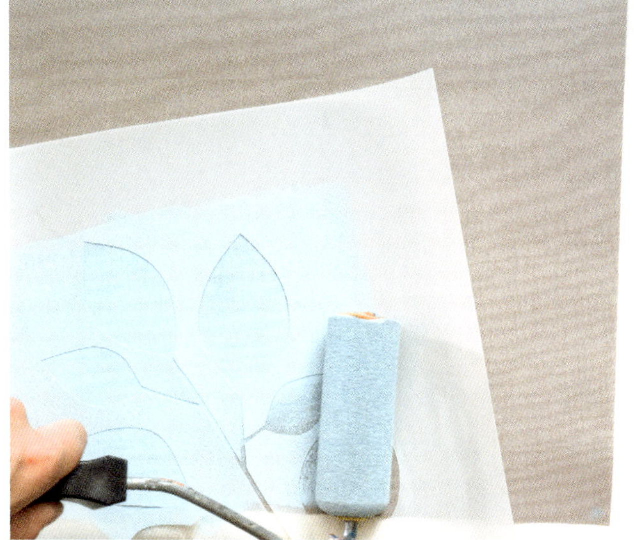

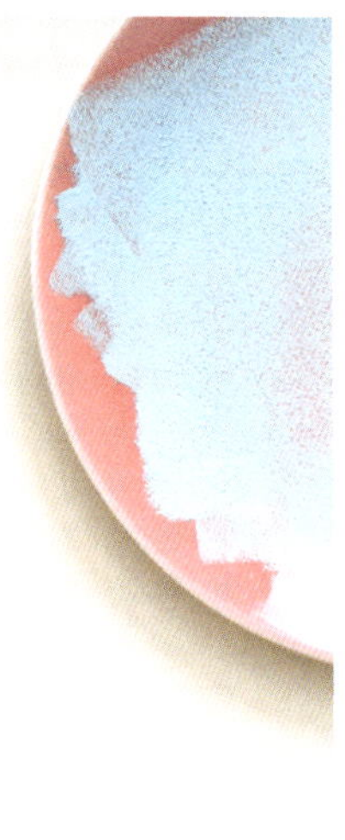

Nützliche Tipps

- Tinte sollte nie zu dünnflüssig sein, da sie sonst unter die Schablone fließt, wodurch die Konturen des Motivs verlaufen.
- Vermeiden Sie Entwürfe mit feinen Linien, da diese erfahrungsgemäß zu schwer zu schneiden sind.
- Sorgen Sie dafür, dass die Pappe bzw. die Acetat- oder Architektenfolie ausreichend größer ist als das Motiv. Sie müssen um es herum reichlich Platz haben, da Sie so das Material zum Bedrucken besser vor Spritzern und Klecksern schützen können!
- Wenn Sie mit mehreren Farben arbeiten, benutzen Sie am besten für jede Tinte einen eigenen Teller und Pinsel oder Schwamm.
- Besprühen Sie Schablonen aus Acetat- oder Architektenfolie unmittelbar vor der Benutzung auf der Unterseite mit ablösbarem Sprühkleber, damit sie auf dem Material zum Bedruckten haften. So kann keine Tinte unter die Schablone laufen.
- Seien Sie bei der Arbeit mit dem Sprühkleber vorsichtig, da er giftig ist. Vermeiden Sie es, die Dämpfe einzuatmen, und tragen Sie eine Atemschutzmaske. Verwenden Sie Sprühkleber nur im Freien.
- Da ablösbarer Sprühkleber nach einer Weile an Haftfähigkeit verliert, müssen Sie eventuell etwas Kleber nachsprühen.

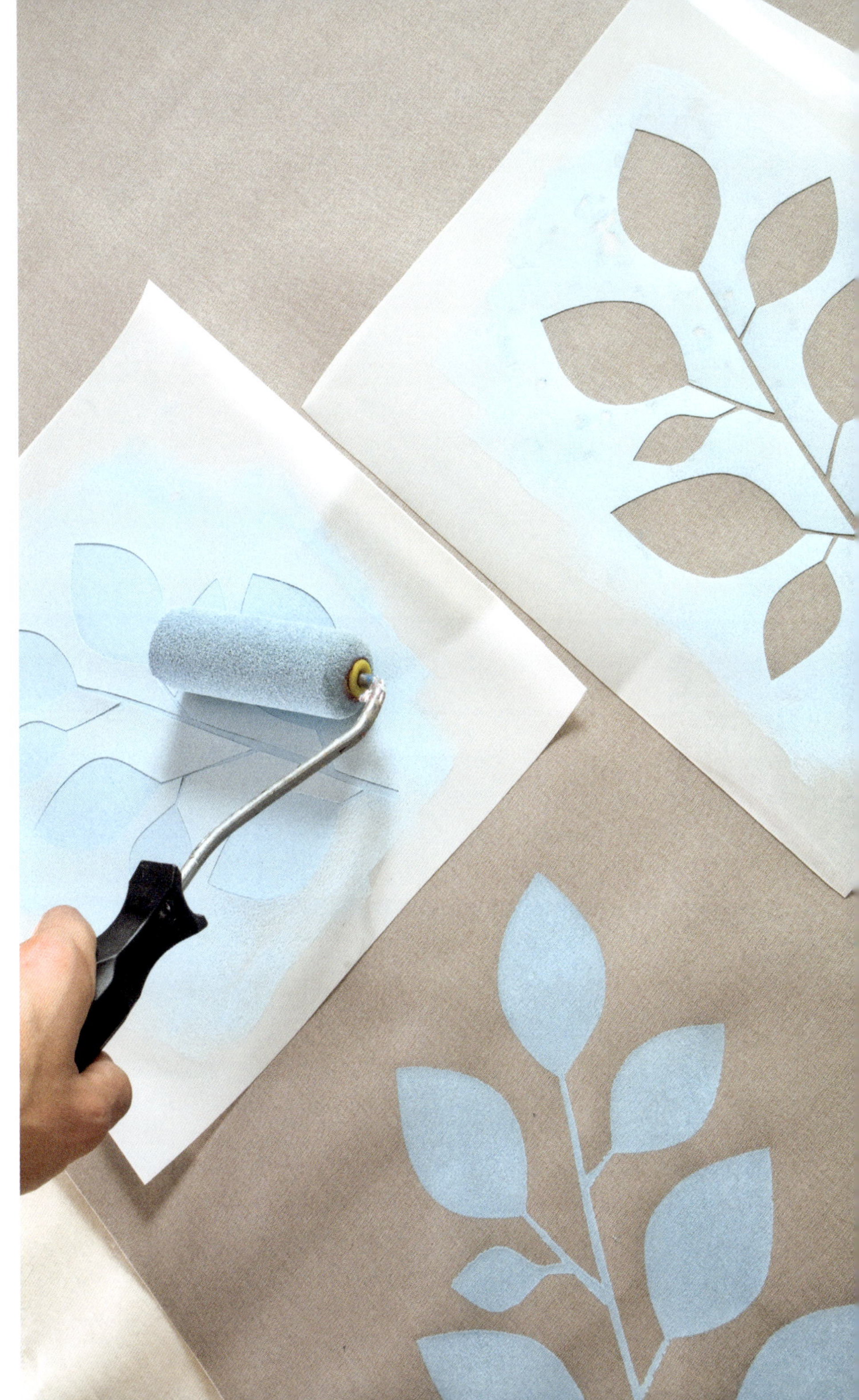

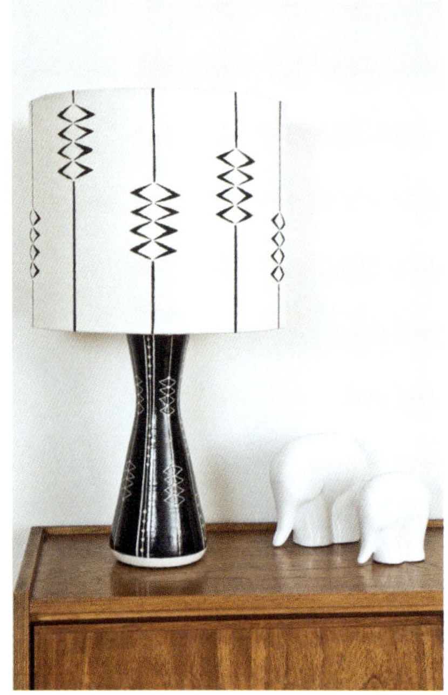

LAMPENSCHIRM Ein einfacher zylindrischer Lampenschirm ist für den Schablonendruck ideal, da er eine gleichmäßige Oberfläche besitzt. Die Anregung zu diesem Muster stammt von dem alten Lampenfuß.

STOFFWANDBEHANG Ein Wandbehang ist vielleicht ein etwas anspruchsvolleres Projekt, als Sie sich vorgenommen hatten, doch einzig und allein wegen seiner Größe. Lassen Sie sich davon nicht abschrecken, sondern wagen Sie einfach einen Versuch, und Sie werden staunen, welche tollen Ergebnisse Sie zustande bringen.

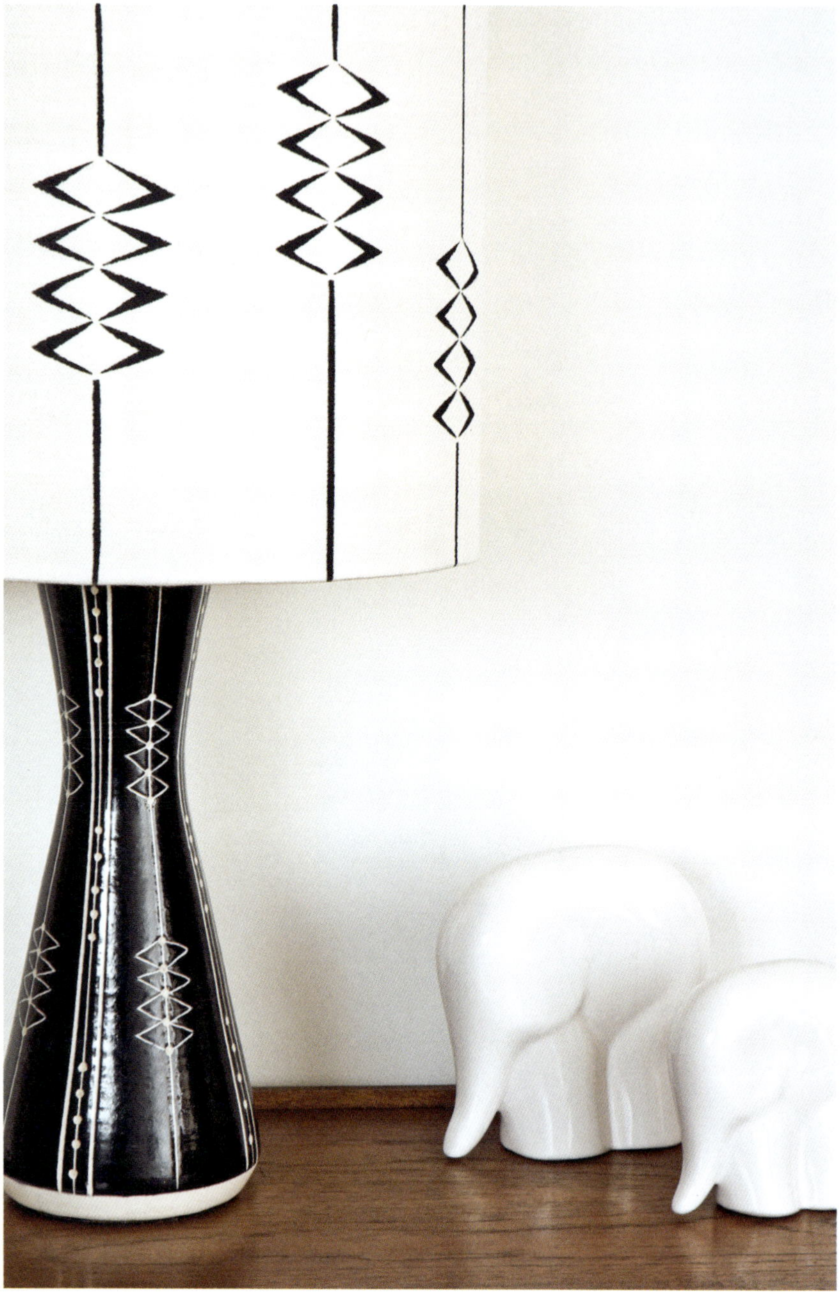

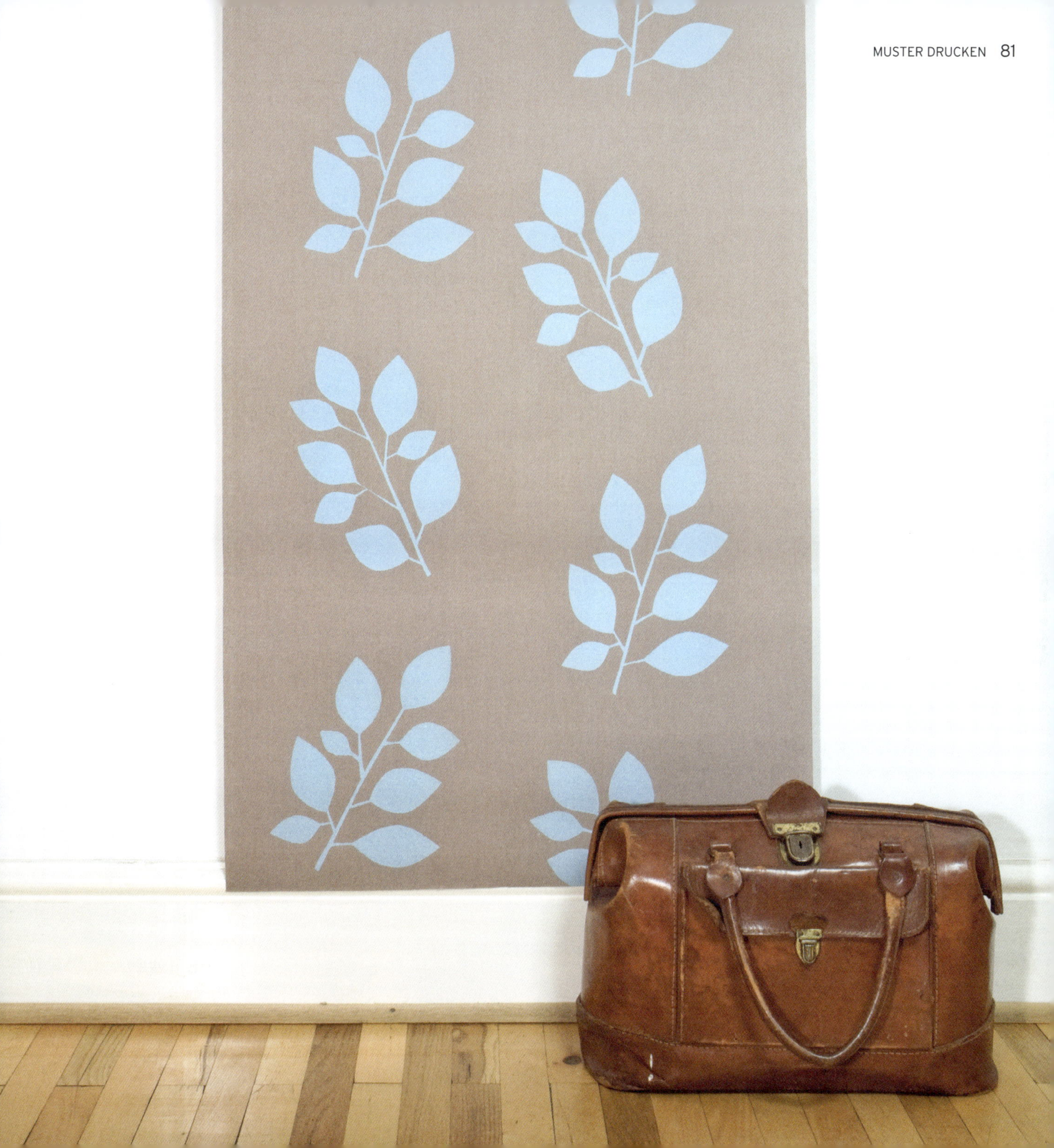

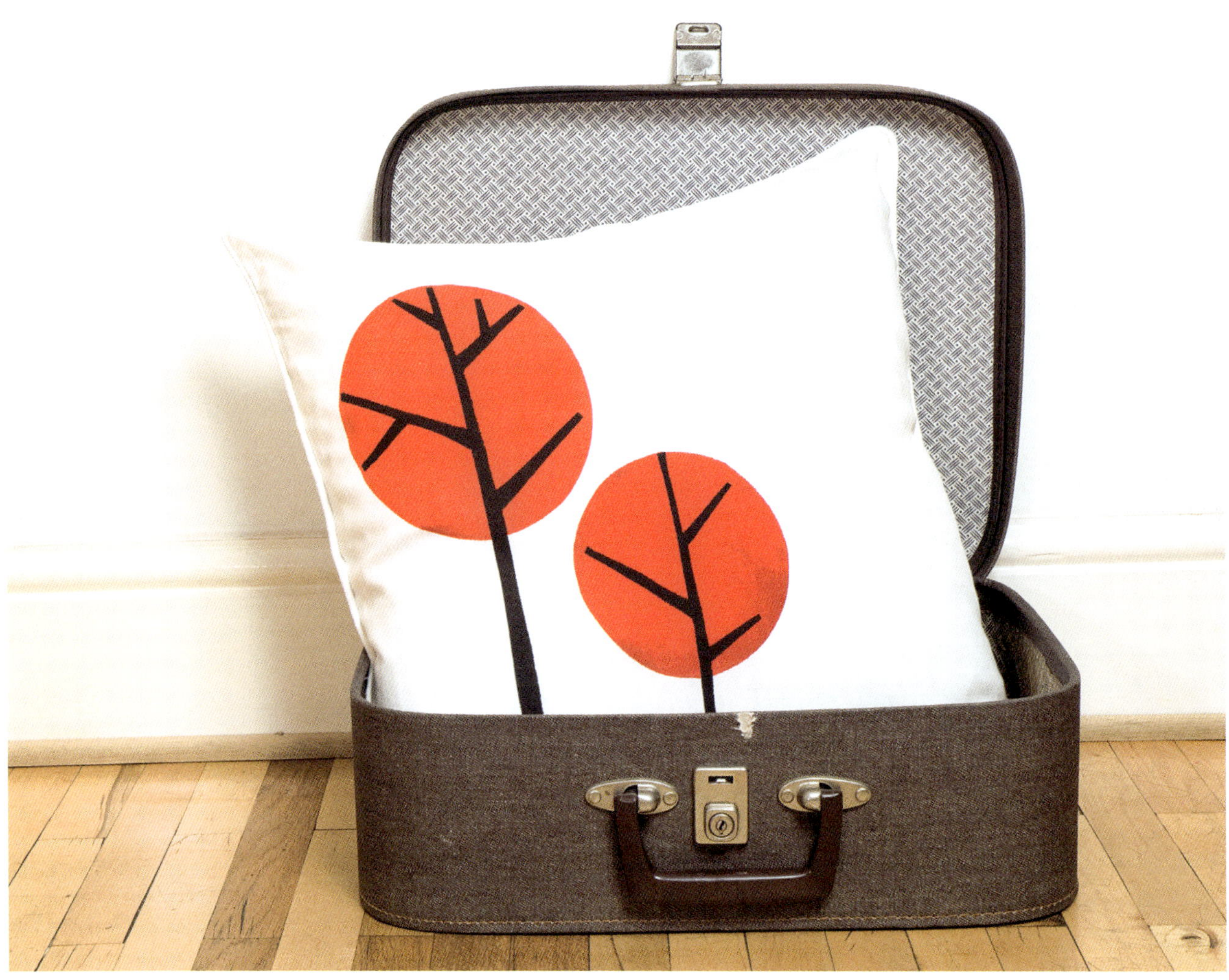

KISSEN Experimentieren Sie doch einmal mit verschiedenen Farbschichten. Dieser zweifarbige Schablonendruck schafft einen eindrucksvollen Kontrast zu dem weißen Hintergrund der Kissenhülle.

EINKAUFSTASCHE Entsorgen Sie Ihre Schablonen nicht, denn Sie können sie häufig wiederverwenden. Hier hatte unsere Schablone bei einer Einkaufstasche ihren zweiten Auftritt: Ein einfacher Farbwechsel, und schon entsteht ein völlig neuer Look.

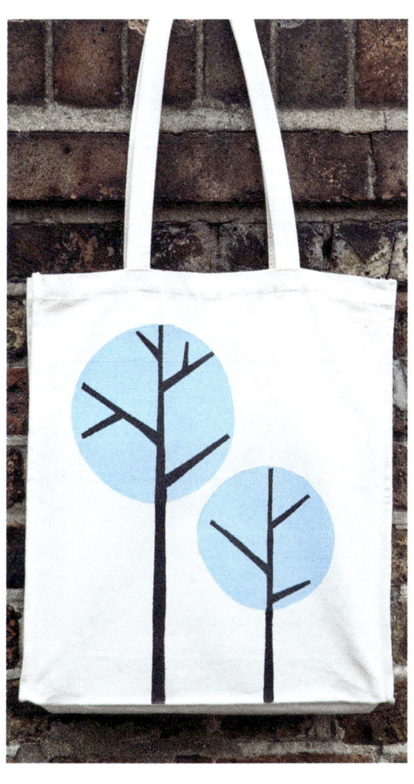

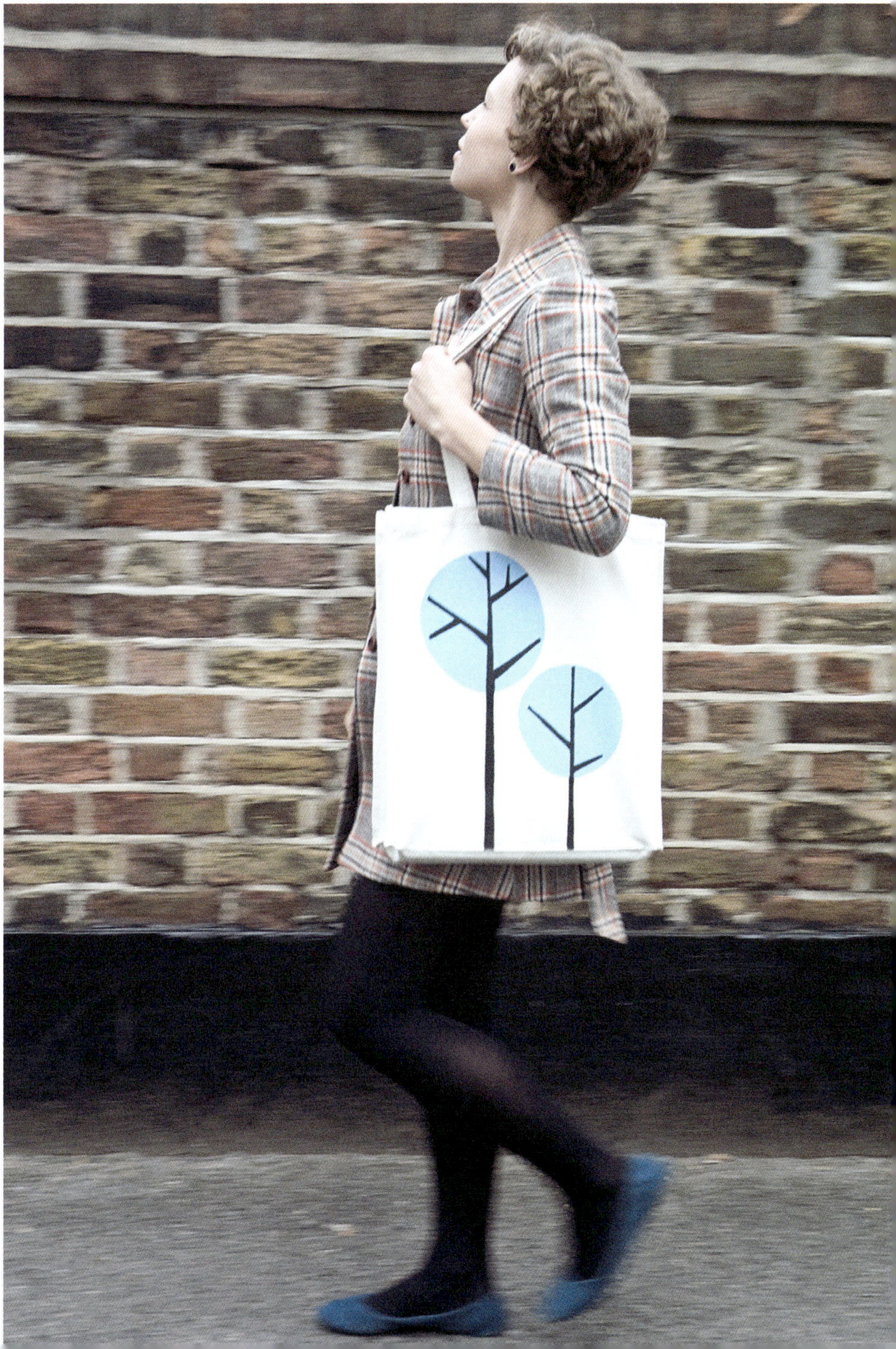

SIEBDRUCK

Beim Siebdruck stehen eine Reihe verschiedener Techniken zur Wahl. Wir werden uns im Folgenden mit den drei wichtigsten Verfahren befassen: dem Siebdruck mit Papier- oder Kunststoffschablonen, dem Siebdruck mit Abdeckschablonen und dem Siebdruck mit Fotoemulsions-Direktschablonen. Siebdruck macht viel Spaß und ermöglicht hervorragende Ergebnisse. Aufgrund der aus Rahmen, Sieb und Schablone bestehenden Siebdruckform lässt sich die Tinte gleichmäßig und kontrolliert verteilen.

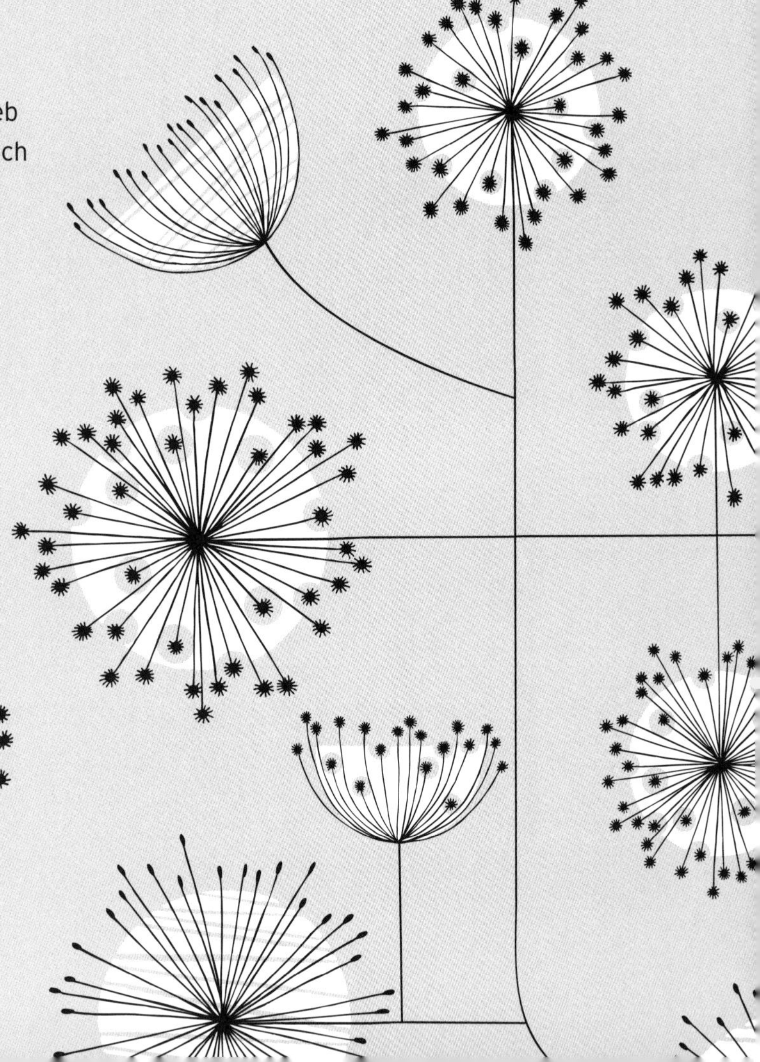

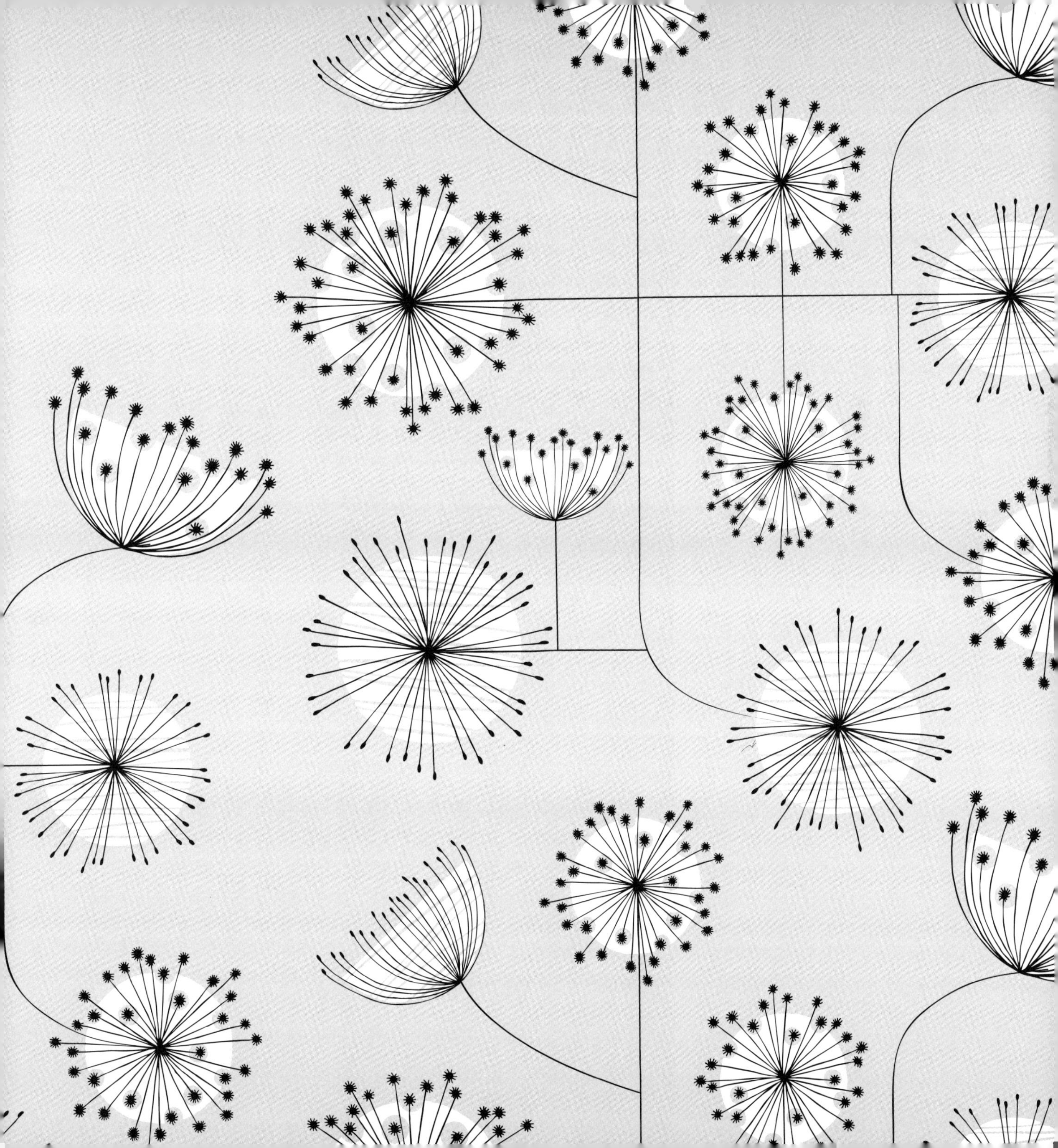

SIEBDRUCK MIT PAPIER- ODER KUNSTSTOFFSCHABLONEN

Diese Technik eignet sich gut für Anfänger. Sie stellt die einfachste und kostengünstigste Methode dar, das Sieb, also die Bespannung, mit einer Schablone zu versehen. Mit einer geschnittenen Schablone aus Papier oder Acetatfolie lassen sich kraftvolle und dynamische Ergebnisse erzielen. Die Formen können mit einer Schere oder einem Messer aus dem Material herausgeschnitten oder, sofern mehr Struktur erwünscht ist, auch „herausgerissen" werden. Diese Technik funktioniert am besten bei kühnen Entwürfen und Motiven ohne allzu viele Details.

Sobald Sie die Siebdruckform fertiggestellt haben, können Sie zügig arbeiten und eine Musterwiederholung nach der anderen drucken. Dabei sind auch sehr detailreiche Druckbilder möglich, insbesondere beim Siebdruck mit Fotoemulsions-Direktschablonen.

Siebdrucken können Sie problemlos zu Hause. Siebdruckrahmen, Tinten und weiteres Zubehör sind in jedem gut sortierten Fachgeschäft für Künstlerbedarf oder im Fachhandel erhältlich. Sie können auf Ihrem Küchen- oder Esstisch drucken und das Sieb im Küchenspülbecken oder im Bad abwaschen.

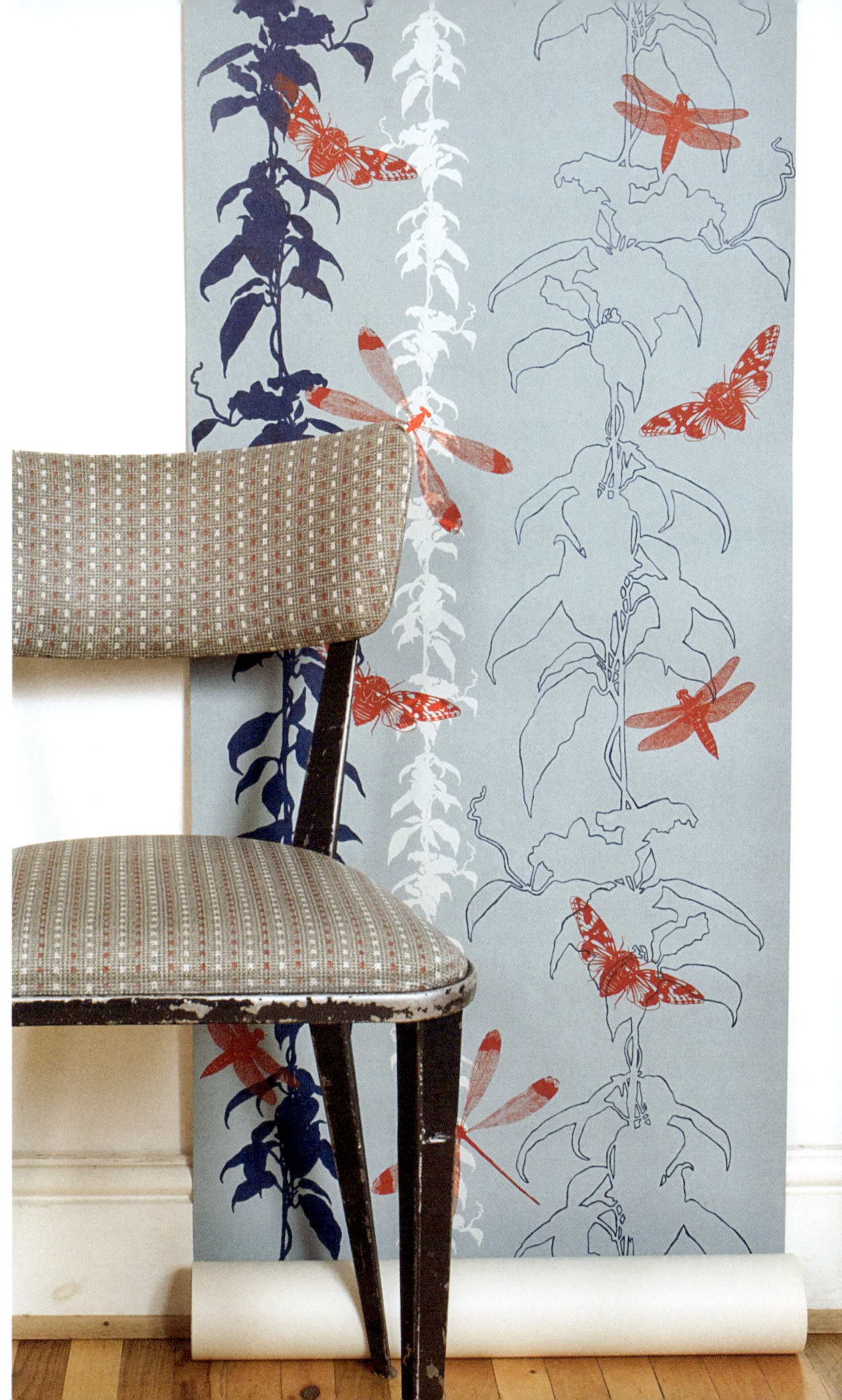

TAPETE/WANDBEHANG Mit einer handbedruckten Tapete erhält jeder Raum ein neues Gesicht. Eine Rolle schlichter Tapete, die mit Siebdruckmotiven verziert ist, bringt Farbe und Muster in Ihre Umgebung.

SIEBDRUCK MIT PAPIER-/KUNSTSTOFF-SCHABLONEN

Materialien

Zeitung/unbedrucktes Zeitungspapier oder Acetatfolie
Schere oder Cutter
Bespannter Siebdruckrahmen
Rakel
Tinten oder Farben
Abdeckband
Bleistift, Buntstift oder Filzstift
Stoff, Papier (oder das Material Ihrer Wahl zum Bedrucken)

Das Sieb mit der Schablone versehen

Wählen Sie zunächst Ihr Motiv aus. Denken Sie daran, dass es keine feinen Details aufweisen darf.

Zeichnen Sie das Motiv auf die Zeitung/das unbedruckte Zeitungspapier oder die Acetatfolie. Sie können einen freihändigen Entwurf anfertigen oder das Motiv auf Pauspapier durchzeichnen.

Nun die Form aus dem Schablonenmaterial herausschneiden, bei Papier nach Wunsch auch herausreißen (durch Reißen erhält Ihr Entwurf ausgefranste Konturen).

Da Sie jede Zeitungspapierschablone meist nur ein Mal benutzen können, müssen Sie jeweils mehrere Exemplare davon anfertigen. Acetatfolie ist erheblich langlebiger. Sie lässt sich häufig abwaschen und wiederverwenden.

Die Schablone mit Abdeckband auf die Unterseite (Gewebeseite) des Siebdruckrahmens kleben.

Nun können Sie mit dem Probedrucken beginnen. Dabei nach der Anleitung auf Seite 104 verfahren.

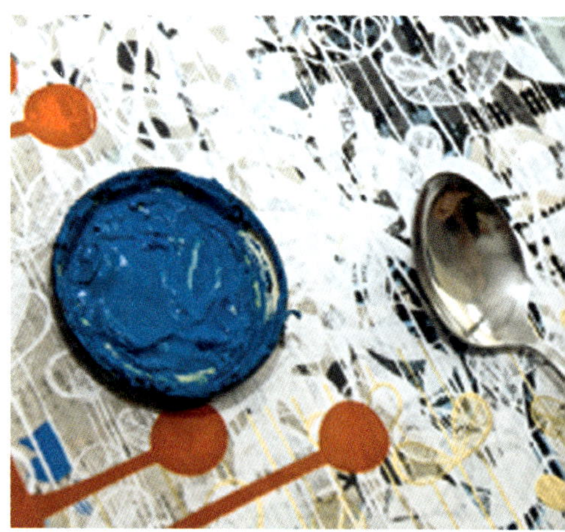

Nützliche Tipps

- Achten Sie beim Papier darauf, dass es glatt liegt und keine Falten oder Knitter aufweist.
- Auch Zeitungen oder unbedrucktes Zeitungspapier ergeben gute Schablonen, doch Acetatfolie ermöglicht ein exakteres Arbeiten und ist haltbarer.
- Die Schablonen sollten etwas kleiner sein als der Siebdruckrahmen.
- Denken Sie daran, alle Bereiche des Siebes abzudecken, die nicht von der Schablone bedeckt werden, da ansonsten die Tinte hindurchsickert und womöglich Ihren Druck ruiniert.
- Gelegentlich lässt sich auch eine Papierschablone wiederverwenden, aber nur dann, wenn sie nicht verrutscht und noch intakt ist.

GESCHIRRTUCH Verwandeln Sie langweilige Geschirrtücher in Haushaltshelfer mit Charakter – so sind sie auch willkommene Geschenke!

SIEBDRUCK MIT ABDECKSCHABLONEN

Auch mit Siebfüller können Sie leicht Schablonen auf das Sieb aufbringen. Dabei wird der Siebfüller direkt auf das Sieb gestrichen, um die Bereiche abzudecken, die nicht gedruckt werden sollen – daher die Bezeichnung Abdeckschablone. Die Tinte lässt sich nur an den Stellen ohne Siebfüller durch das Gewebe drücken. Bei dieser Technik können Sie ein und dieselbe Form viele Male wiederverwenden.

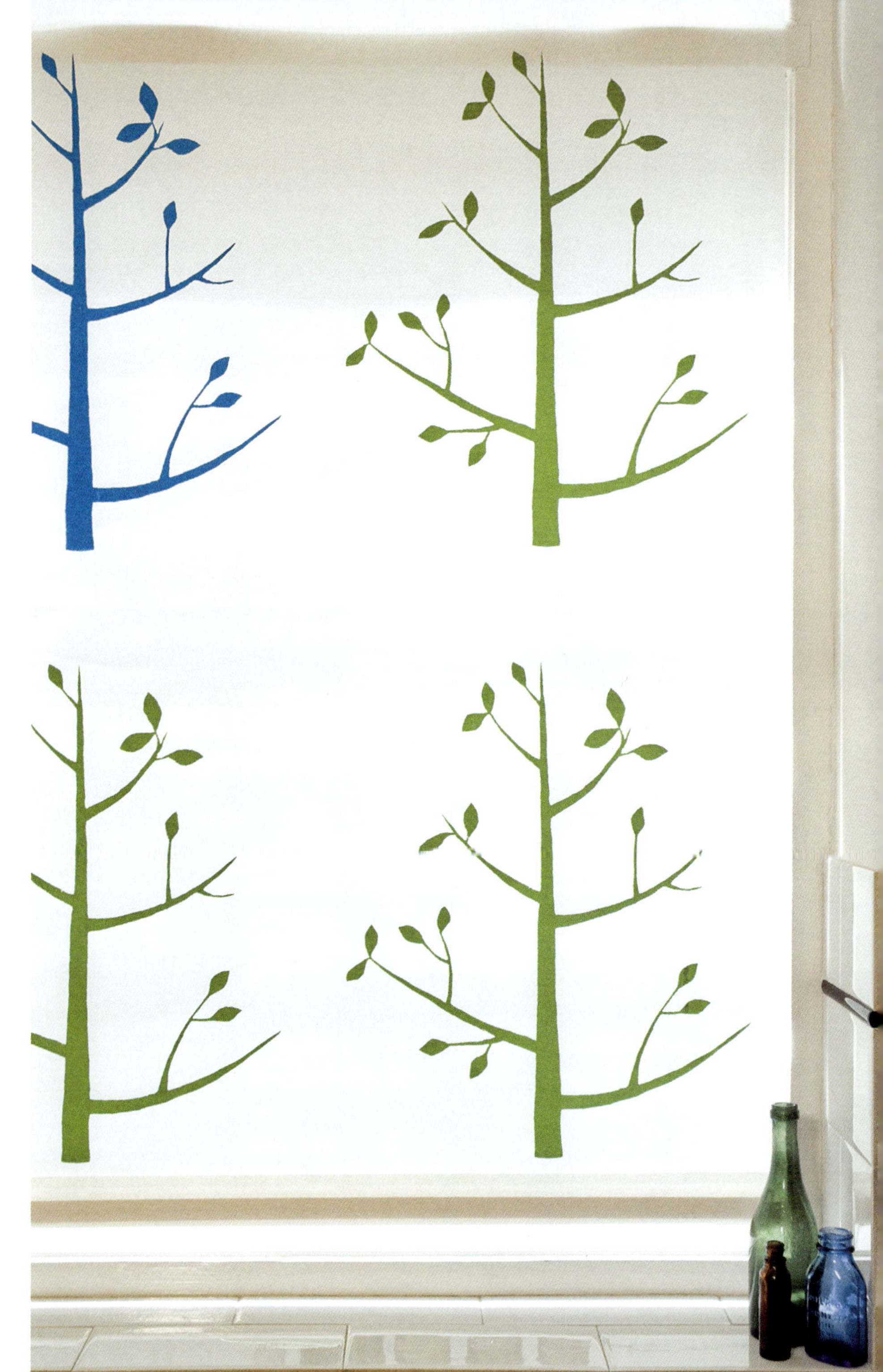

SPRINGROLLO Holen Sie sich die Natur ins Haus – mit einem Druckmotiv auf einem Springrollo nach einer Anregung aus der Natur.

SIEBDRUCK MIT ABDECKSCHABLONEN

Materialien

Weicher Bleistift

Bespannter Siebdruckrahmen

Siebfüller

Verschiedene Pinsel

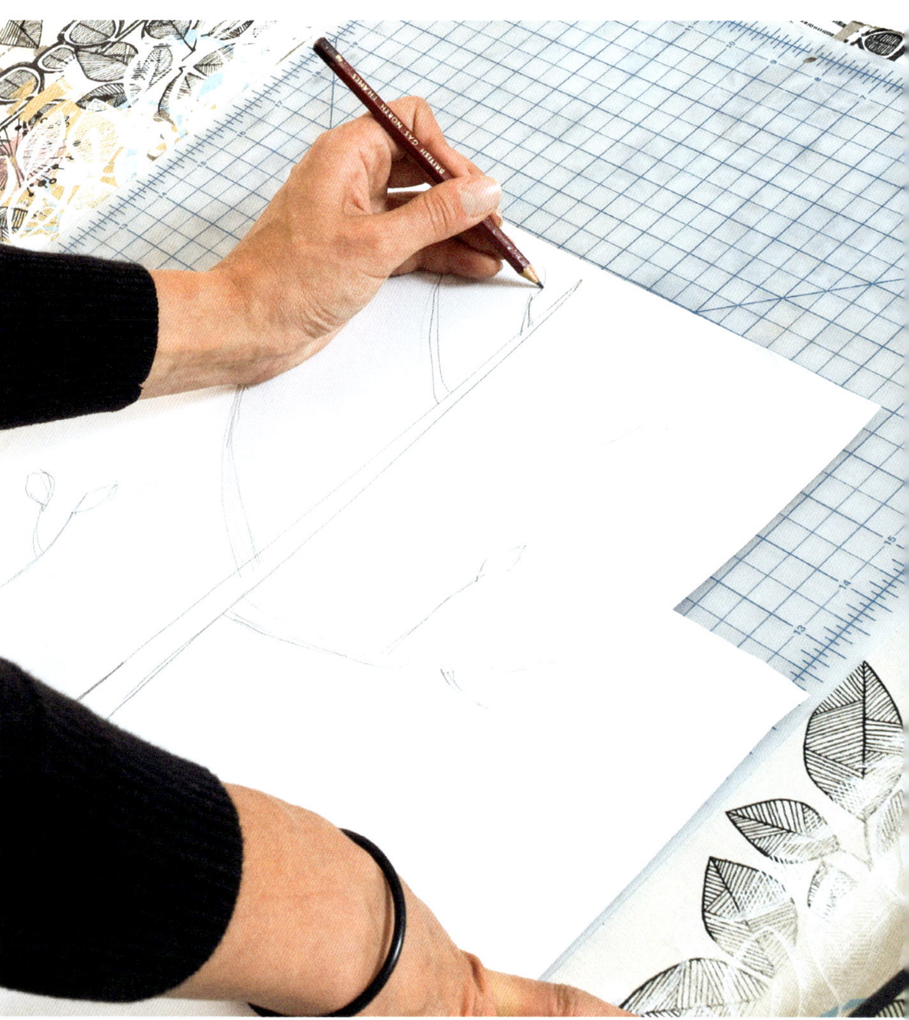

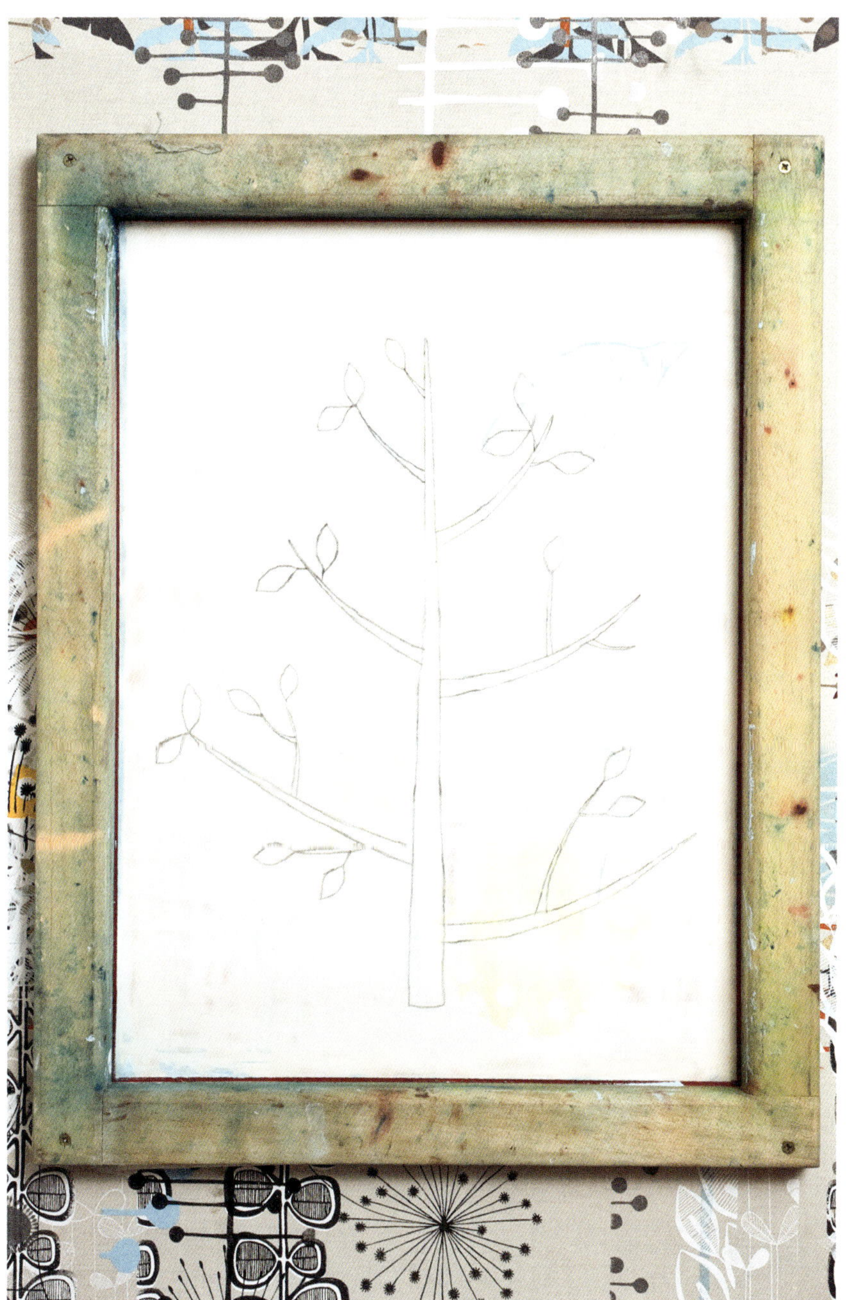

Das Sieb mit der Schablone versehen

Zeichnen Sie Ihr Motiv auf ein Blatt Blankopapier.

Legen Sie diese Vorlage auf einen Tisch und dann den Siebdruckrahmen auf die Vorlage. Das Motiv mit einem weichen Bleistift direkt auf das Sieb durchpausen.

Wählen Sie einen geeigneten Pinsel. Von ihm hängt es ab, welche Linien oder Strukturen Sie erzeugen können. Mit einem feineren Pinsel sind detailreichere Entwürfe möglich.

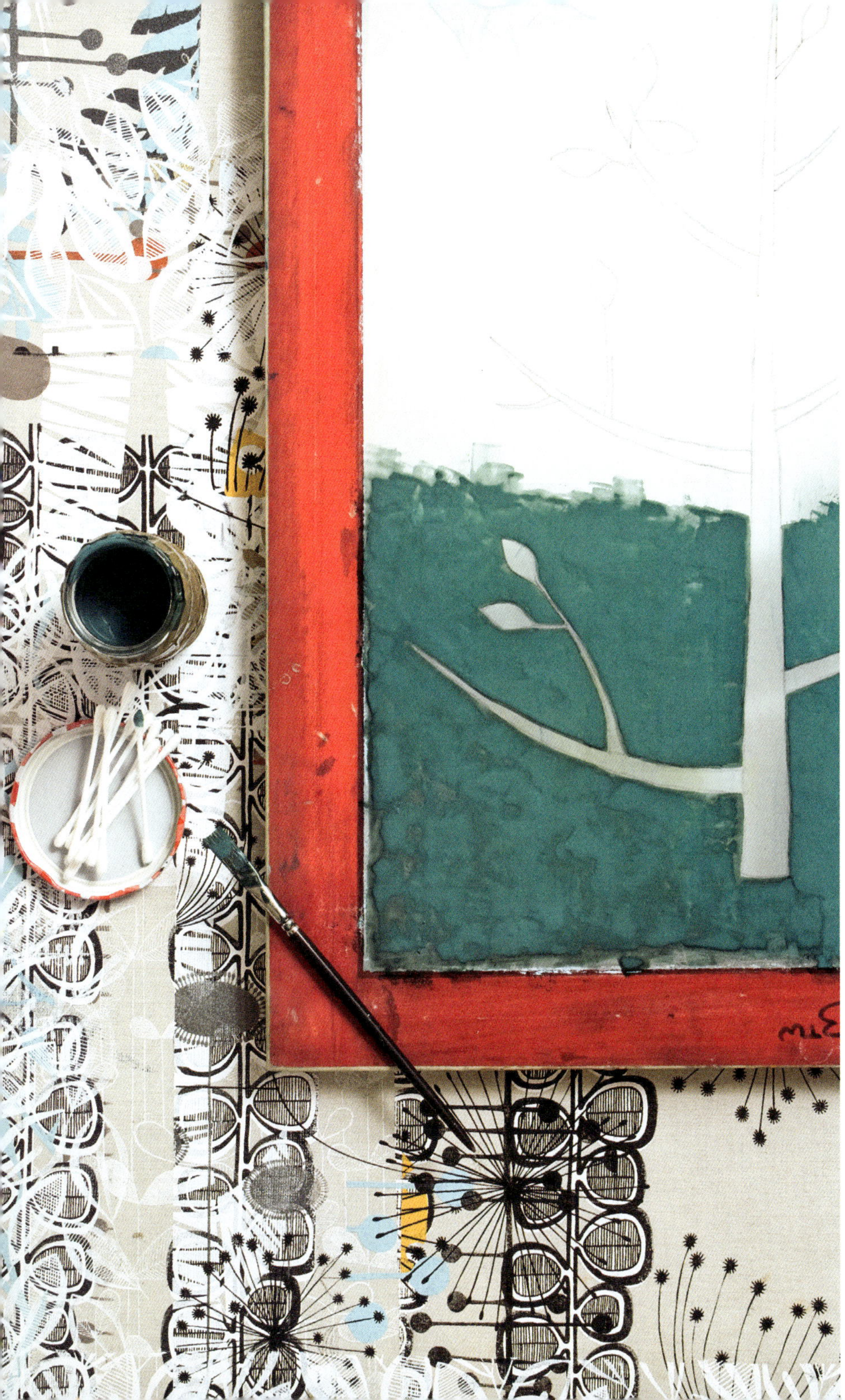

Bestreichen Sie auf der Unterseite (Gewebeseite) des Siebes die Bereiche des Entwurfs mit Siebfüller, die nicht gedruckt werden sollen. Drehen Sie den Siebdruckrahmen um und verstreichen Sie sämtlichen überschüssigen Siebfüller, der durch das Gewebe gesickert ist. Sorgen Sie dabei für einen gleichmäßigen Auftrag auf beiden Seiten des Siebes. Sind alle dafür vorgesehenen Bereiche mit Siebfüller abgedeckt, lassen Sie das Sieb trocknen.

Halten Sie nun das Sieb gegen das Licht, um zu überprüfen, ob Ihnen auch keine Stellen entgangen sind, die Sie abdecken wollten. Sie müssen jedes einzelne winzige – im Fachjargon als Nadelstich bezeichnete – Luftloch, das Sie entdecken, mit einem Tupfer Siebfüller verschließen.

Das Sieb gründlich trocknen lassen, am besten über Nacht.

Nun ist die Siebdruckform bereit zum Drucken. Arbeiten Sie nach der Druckanleitung auf Seite 104.

Nützlicher Tipp

- **Lesen Sie stets die Gebrauchsanweisungen auf den Siebfüller-, Fotoemulsions- und Sensibilisatorflaschen und halten Sie sich strikt an sie.**

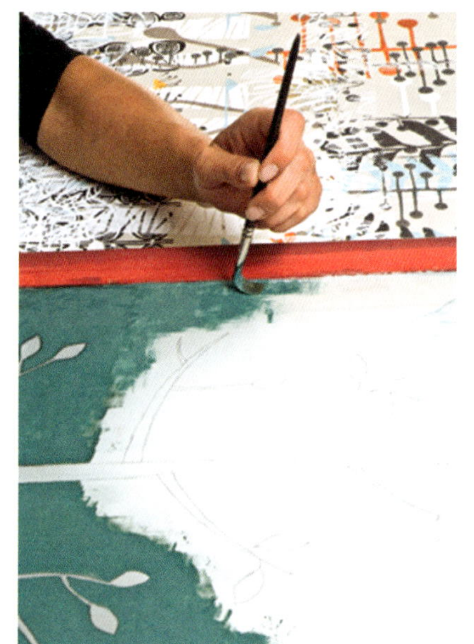

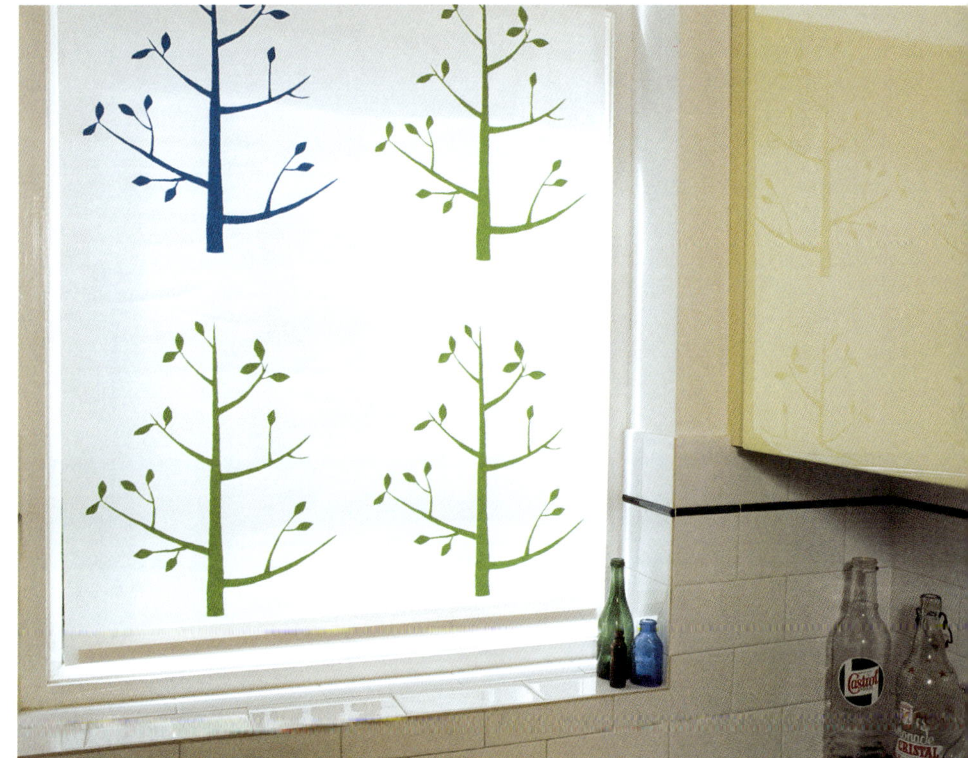
Castrol
CRISTAL

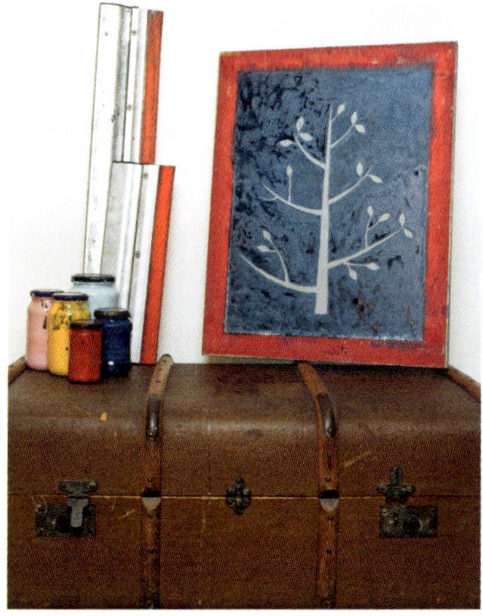

SIEBDRUCK MIT FOTOEMULSIONS-DIREKTSCHABLONEN

Mit dieser Technik sind sehr detaillierte Drucke möglich. Die Entwürfe dürfen feine Linien, fotografische Details und Schrift beinhalten. Diese Methode mag zwar eine etwas aufwendigere Vorbereitung und Ausstattung erfordern, bietet dafür aber eine erheblich breitere Palette an möglichen Ergebnissen.

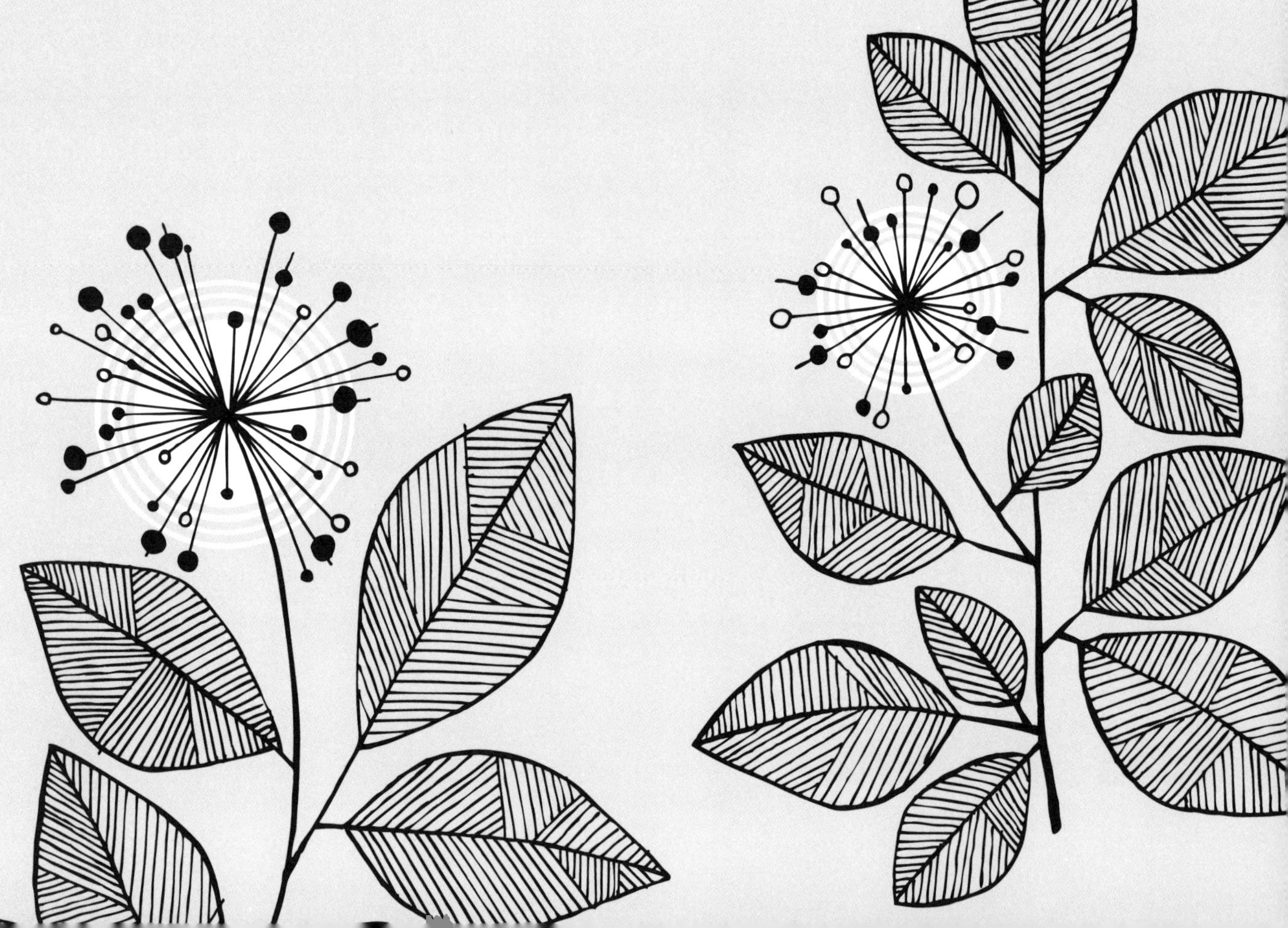

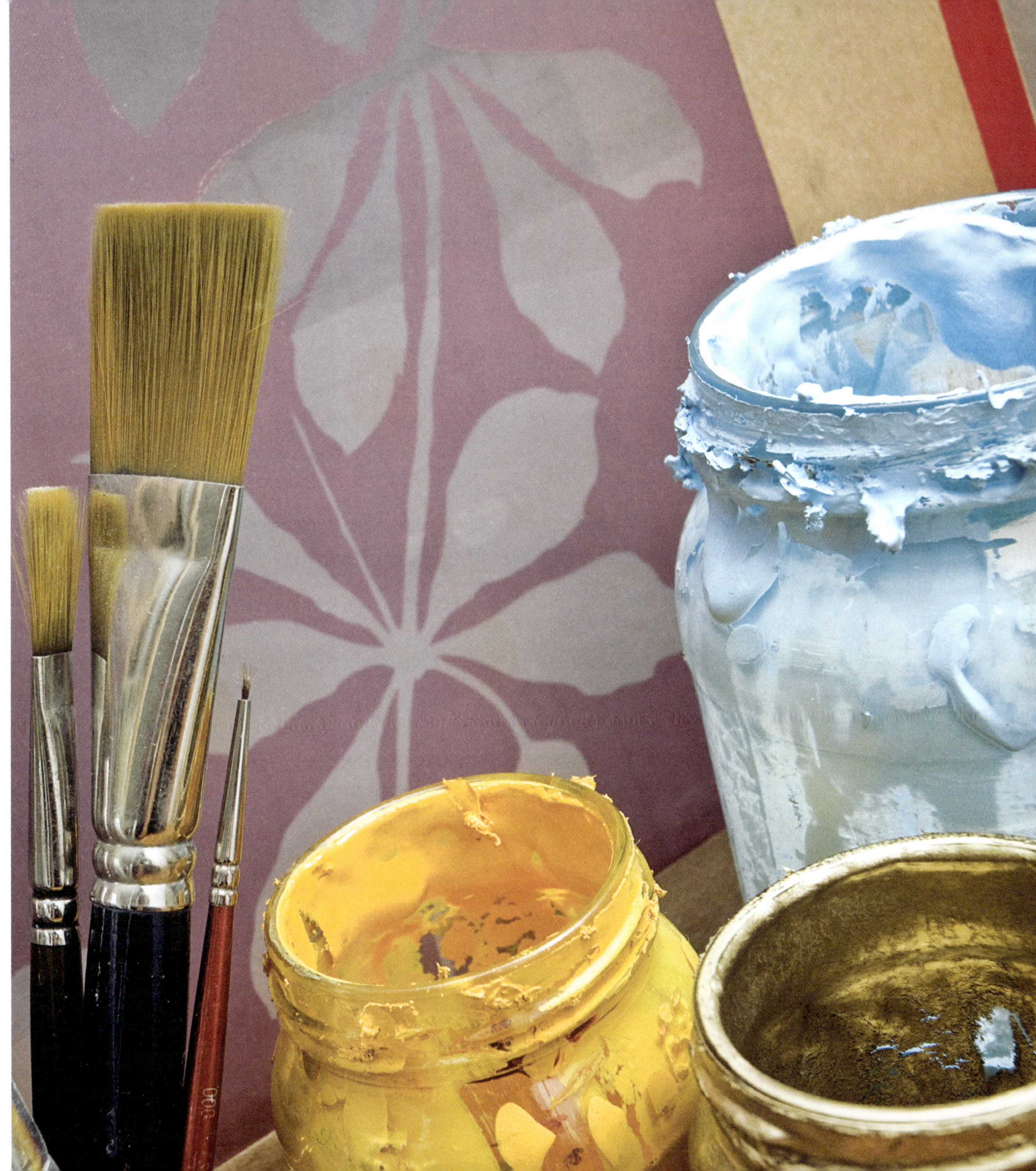

SIEBDRUCK MIT FOTOEMULSIONS-DIREKTSCHABLONEN

Materialien

Bespannter Siebdruckrahmen
Fotoemulsionsset
Rakel oder ein Stück Pappe
Bildvorlage (Ihr Muster oder Motiv, in Schwarz auf eine durchsichtige Acetatfolie gedruckt)
Eine durchsichtige flache Glas- oder Plexiglasplatte (nicht größer als Ihr Siebdruckrahmen)
Schwarzes Papier (größer als Ihr Siebdruckrahmen)
Lichtquelle (eine klare 150-Watt-Glühbirne)

Das Sieb mit der Schablone versehen

Legen Sie den Rahmen mit der Unterseite (Gewebeseite oder Seite des zu bedruckenden Materials) nach oben auf eine ebene Arbeitsfläche.

Etwas Emulsion auf das Sieb gießen und mit einer Rakel oder einem Stück Pappe möglichst gleichmäßig verstreichen. Die Emulsionsschicht darf nicht zu dick ausfallen, sondern muss so dünn und gleichmäßig wie möglich werden.

Überschüssige Emulsion können Sie in den Behälter zurückschöpfen. Sie brauchen dabei nicht perfektionistisch zu sein – tun Sie einfach Ihr Bestes.

Ist das Sieb beschichtet, legen Sie es zum Trocknen an einen dunklen Ort. Ein Lüftungsschrank/Heizungsschrank eignet sich gut dafür.

Sobald das Sieb trocken ist, können Sie Ihre Bildvorlage belichten. Warten Sie damit nicht zu lange, ansonsten wird die Emulsion hart und Sie müssen wieder von vorn anfangen.

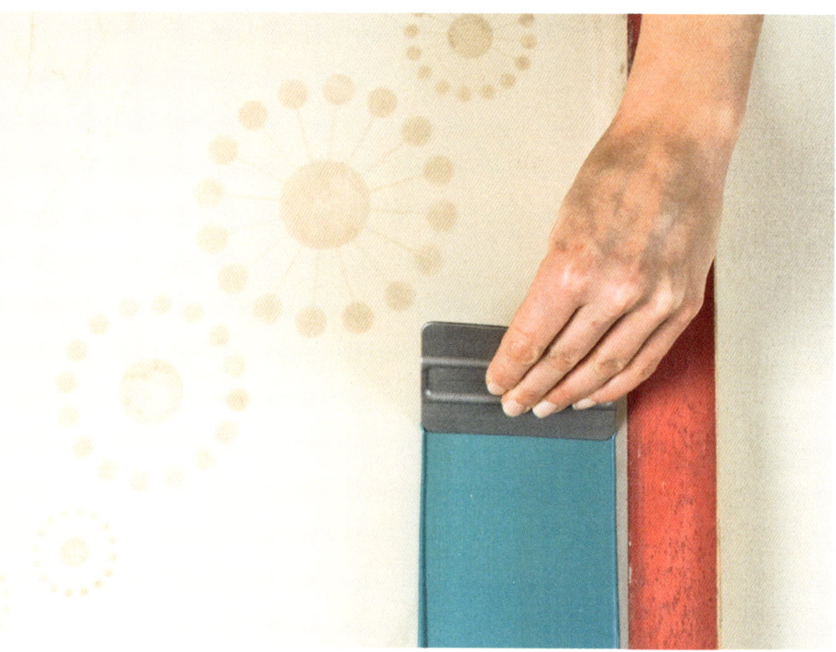

Das Sieb belichten

Sorgen Sie dafür, dass alle Ihre Materialien griffbereit liegen. Sobald Sie den Rahmen aus dem Dunklen geholt haben, müssen Sie zügig arbeiten, da er hochgradig lichtempfindlich ist.

Den Rahmen mit der beschichteten Seite nach oben flach auf den Bogen schwarzes Papier legen. Die Glühbirne sollte mittig über dem Rahmen hängen. Das Licht noch nicht anschalten.

Die Bildvorlage auf das Sieb legen, dann die Glas- oder Plexiglasplatte direkt auf die Vorlage. Achten Sie darauf, dass die Vorlage richtig herum liegt, das heißt seitenverkehrt. Dies ist besonders wichtig, wenn sie Schrift beinhaltet, da diese später spiegelbildlich erscheint, falls sie verkehrt herum aufgelegt wurde.

Nun können Sie das Sieb belichten. Schalten Sie das Licht an und achten Sie darauf, dass das ganze Sieb beleuchtet wird.

Die Belichtungszeit richtet sich nach der Größe des Siebdruckrahmens. Die folgende Tabelle liefert Ihnen Richtwerte für die Belichtungszeiten.

ÄUSSERES RAHMENMASS	DAUER
20 x 25 cm	45 Minuten
25 x 36 cm	45 Minuten
30 x 46 cm	74 Minuten
41 x 51 cm	92 Minuten
46 x 51 cm	92 Minuten

Wenn Ihr Sieb fertig belichtet ist, müssen Sie es abwaschen.

Besprühen Sie das Sieb mit kaltem Wasser aus einem Schlauch. Auf diese Art spülen Sie die Fotoemulsion ab, soweit sie durch die Vorlage vor Licht geschützt war und daher durch das Belichten nicht aushärten konnte. Sie können das Sieb auch behutsam abreiben, um überschüssige Emulsion zu entfernen.

Nun müsste Ihr Entwurf allmählich sichtbar werden. Die Gestaltung sollte auf dem Sieb genauso aussehen wie auf der Bildvorlage.

Das Sieb trocknen, und damit es schneller geht, mit einem Haartrockner.

Ist das Sieb trocken, halten Sie es gegen das Licht und prüfen, ob es irgendwelche größeren Stellen oder Nadelstiche gibt, die nicht mit Emulsion bedeckt sind. Solche Stellen können Sie mit einem dünnen Pinsel und etwas Emulsion nacharbeiten.

Jetzt können Sie mit dem Drucken beginnen.

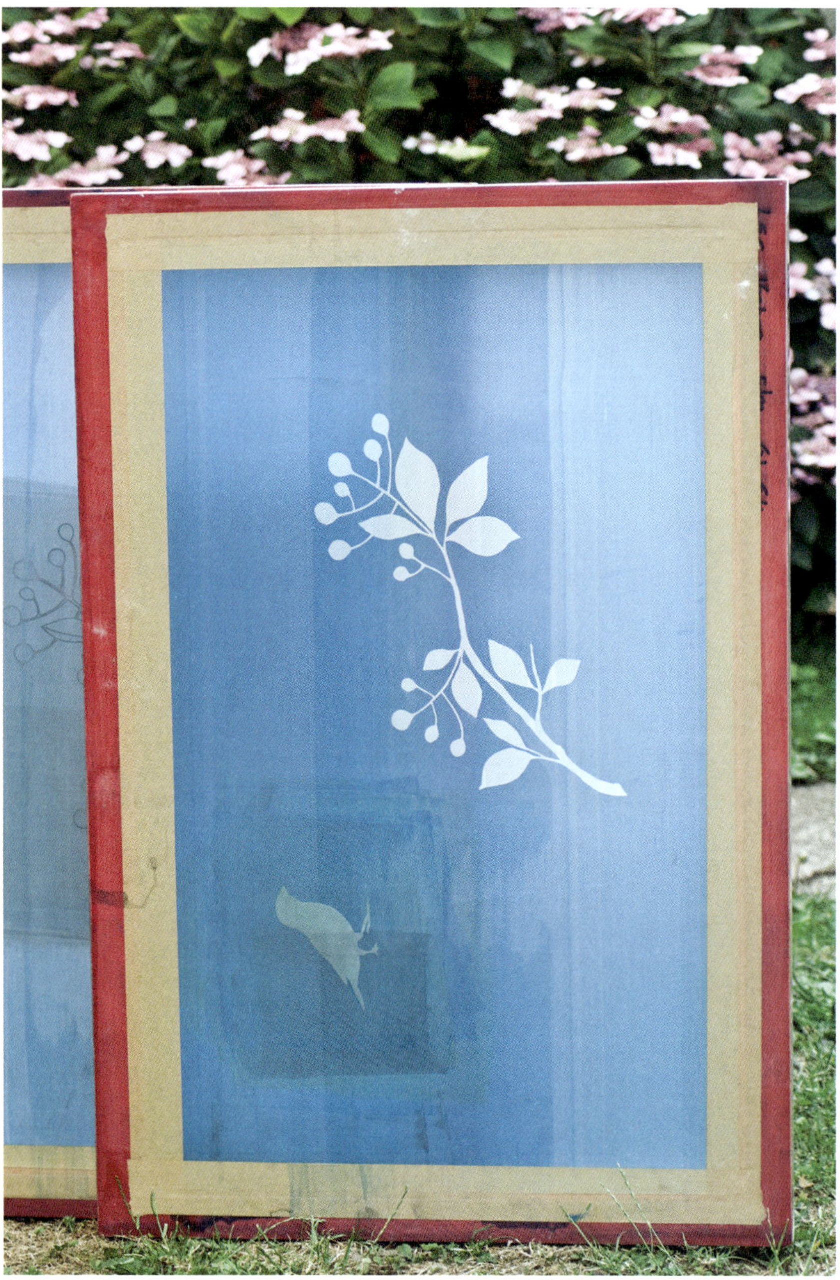

Nützliche Tipps

- Befolgen Sie die Gebrauchsanleitung zu Ihrem Fotoemulsionsset, die Einzelheiten unterscheiden sich je nach Marke und Typ.

- Mit einem Heizlüfter lässt sich das Trocknen des Siebes auch beschleunigen.

- Sorgen Sie stets dafür, dass Ihre Vorlage ein möglichst intensives Schwarz aufweist, da sie das Licht vollständig abblocken muss. Sollte auch nur ein einziger Lichtstrahl durch die Vorlage dringen, ist das Sieb ruiniert und Sie müssen wieder von vorn anfangen.

- Die Belichtungszeit kann aufgrund verschiedener Faktoren wie der Wattzahl der Glühbirne und dem Abstand zwischen ihr und Sieb variieren. Stellen Sie sich darauf ein, dass Sie eine Weile herumexperimentieren müssen, um die richtige Belichtungsdauer zu ermitteln.

- Bei einer zu kurzen Belichtungszeit verschwindet das Motiv beim Abwaschen, bei einer zu langen gehen feine Entwurfsdetails verloren.
- Sie können das Sieb auch im Freien in der Sonne belichten. Selbst an einem wolkigen Tag gibt es reichlich UV-Strahlen, mit deren Hilfe sich das Sieb belichten lässt.
- Falls Sie irgendwelche Stellen entdecken, wo entweder keine oder zu viel Emulsion abgewaschen wurde, müssen Sie das Sieb säubern und von vorn beginnen.

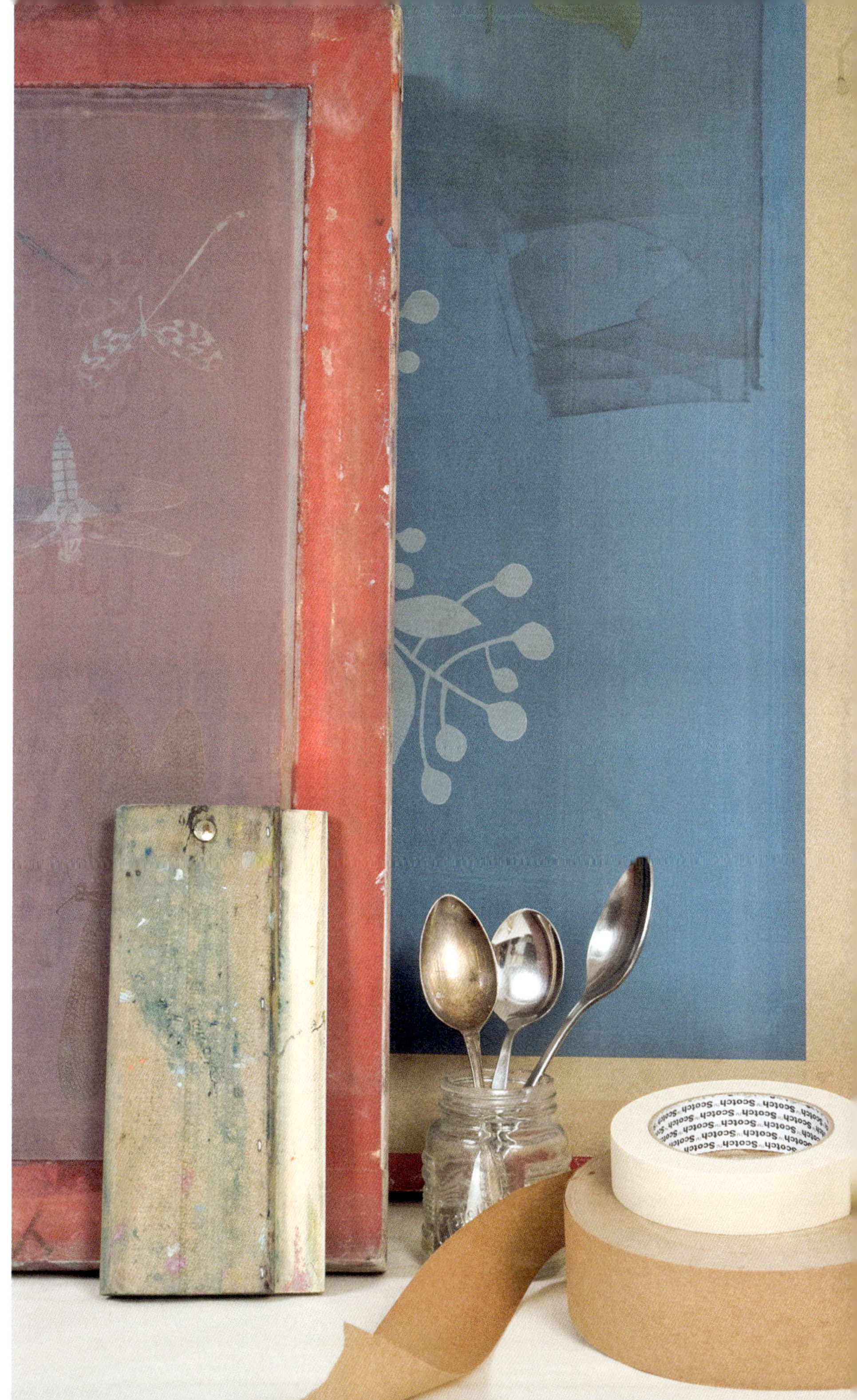

DRUCKEN MIT DER SIEBDRUCKFORM

Nun kommen wir zu dem Teil der Arbeit, der richtig Spaß macht, nämlich dem Drucken mit der Siebdruckform. Egal, welche der Techniken Sie anwenden, die Grundregeln sind stets dieselben.

KRAWATTEN Mit einem Siebdruck lässt sich selbst der nichtssagendste Gegenstand beleben und aufpeppen.

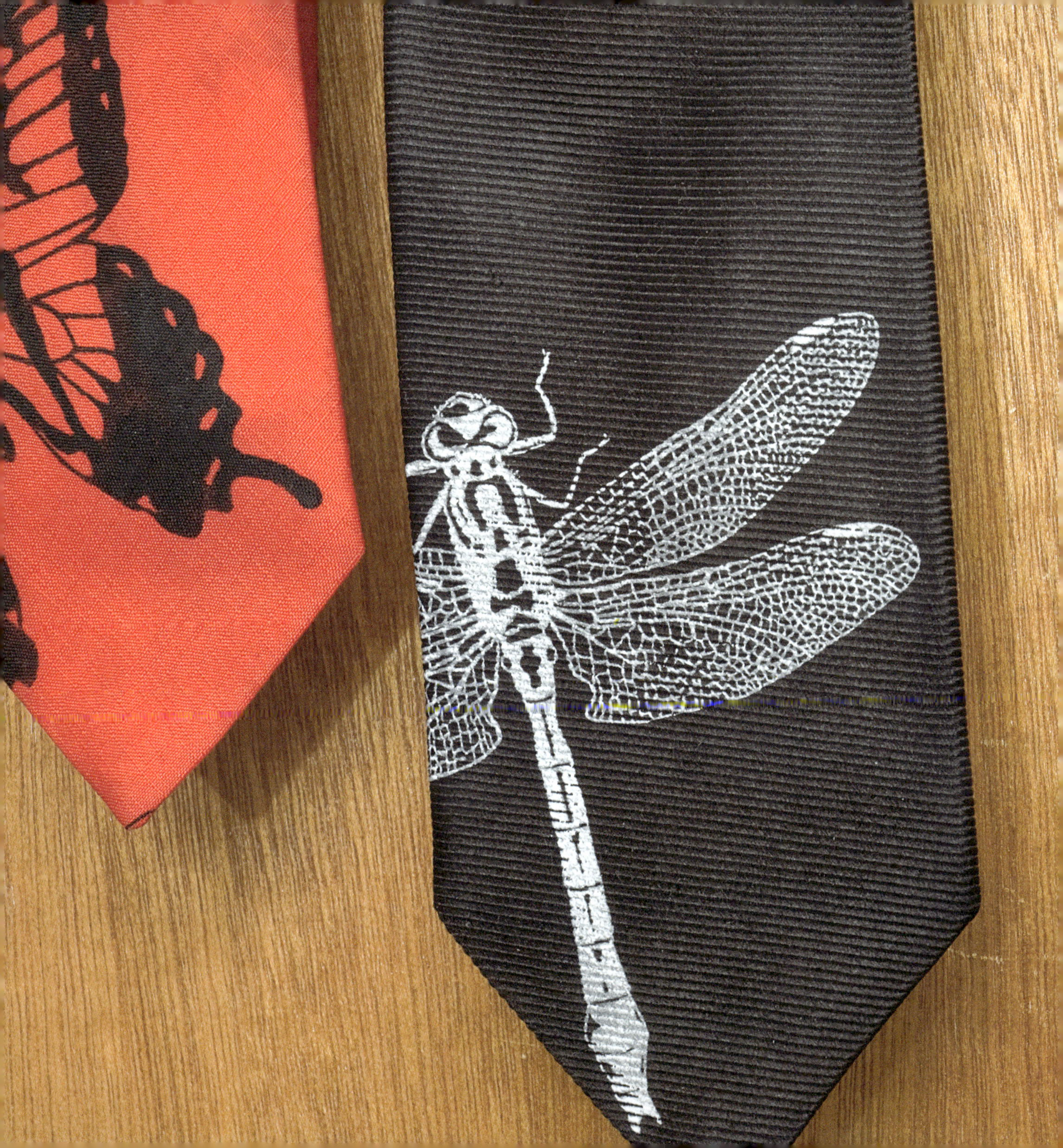

Materialien

- Siebdruckform
- Stoff oder Papier
- Abdeckband
- Rakel
- Tinten oder Farben
- Löffel
- Lappen
- Zeitung
- Gewichte zum Fixieren des Rahmens

Sie müssen eine Arbeitsfläche vorbereiten, auf der Sie drucken können. Dazu eignet sich jede beliebige Tischplatte. Zum Bedrucken von Stoff darf die Arbeitsfläche oben nicht völlig hart sein, sondern sollte geringfügig nachgeben, weshalb Sie sie polstern müssen. Mit einer Decke und einem darübergebreiteten Laken oder Stück Nessel lässt sich das leicht bewerkstelligen. Die obere Lage sollte unter Spannung an der Unterseite der Arbeitsplatte befestigt werden, damit die Oberfläche straff und eben wird.

Wie jede andere neue Technik, erfordert auch der Siebdruck eine gewisse Übung, ehe man ihn beherrscht. Machen Sie sich daher keine Sorgen, wenn Ihnen Fehler unterlaufen.

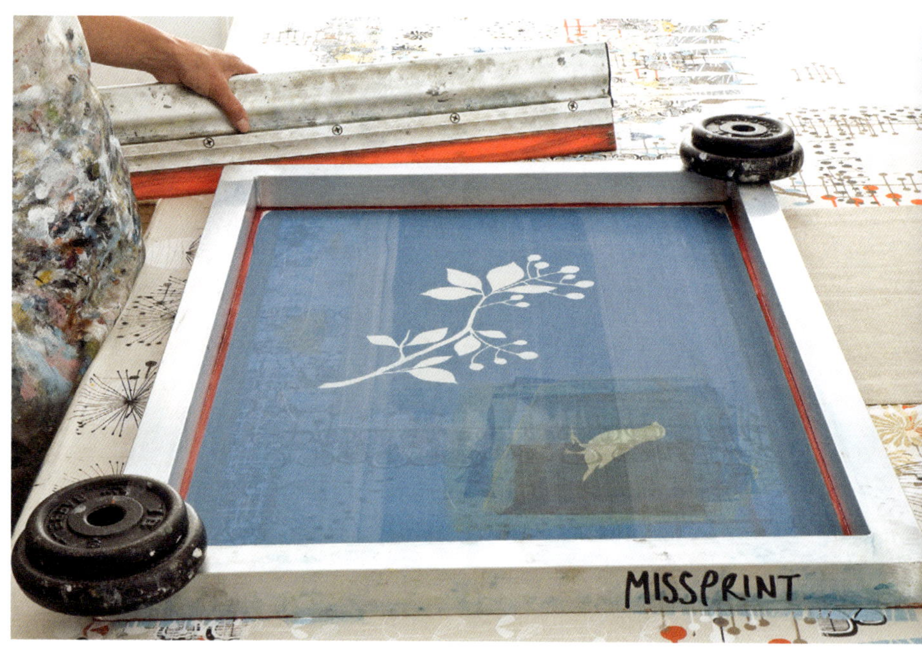

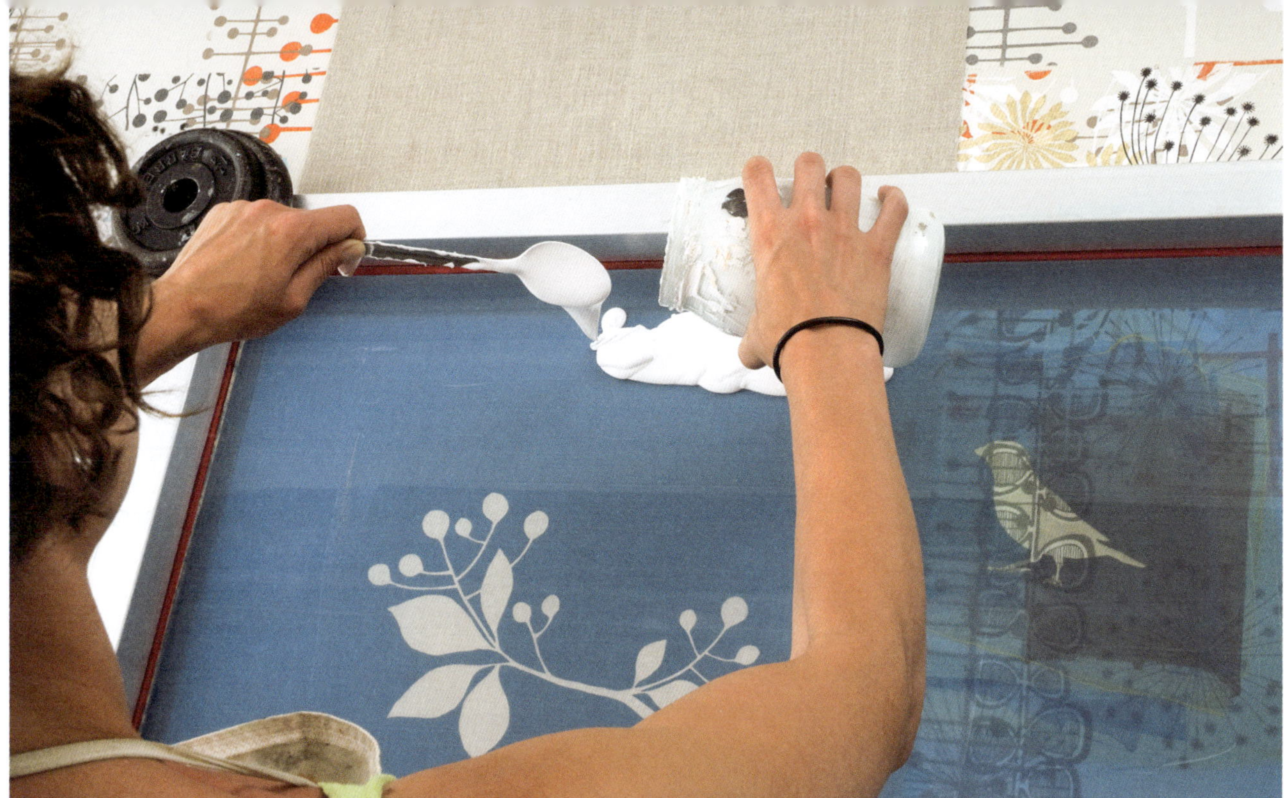

Machen Sie zunächst auf einem Papier- bzw. Stoffrest zur Übung ein paar Probedrucke. Dies ist auch der richtige Zeitpunkt, um mit verschiedenen Farbkombinationen und übereinanderliegenden Farbschichten zu experimentieren.

Sind Sie mit Ihren Farben und den Ergebnissen der Probedrucke zufrieden, können Sie mit dem Drucken des Motivs beginnen.

Den Stoff oder das Papier auf die vorbereitete Tischplatte legen und mit Abdeckband darauf befestigen. Dies verhindert das Verrutschen des zu bedruckenden Materials, was ein verschmiertes Druckbild bewirken könnte.

Die Siebdruckform auf den Stoff legen und ausrichten.

Die Druckform an den Ecken mit ein paar Gewichten beschweren, damit sie beim Drucken nicht verrutscht. Wir verwenden dazu in gebrauchte Geschirrtücher gewickelte Ziegelsteine oder alte Gewichte.

Nun die Rakel an das obere Ende des Siebes legen und die Tinte unterhalb der Rakelklinge verteilen. Die Rakel mit festem Griff im Winkel von 45° zum Sieb halten und die Tinte mit einer schnellen, fließenden Bewegung kräftig über das Sieb ziehen. Unter Umständen sind mehrere solcher Züge erforderlich – stellen Sie sich also darauf ein, dass Sie den Vorgang je nach Art der Tinte und des verwendeten Stoffs noch zwei oder drei Mal wiederholen müssen.

Das Sieb vorsichtig vom Stoff abheben. Jetzt, wo Sie Ihr Druckergebnis sehen, können Sie auch beurteilen, ob Sie an Ihrer Technik etwas korrigieren müssen. Ist die Tinte an den Konturen ausgeflossen, war der Rakeldruck vielleicht zu stark oder Sie haben zu viele Züge gemacht. Ist das Druckbild dünn oder fleckig, könnten ungleichmäßiger Druck oder zu wenig Züge die Ursache sein.

Ist alles fertig gedruckt, waschen Sie sobald wie möglich das Sieb und die Rakel ab, damit das Sieb nicht verklebt wird.

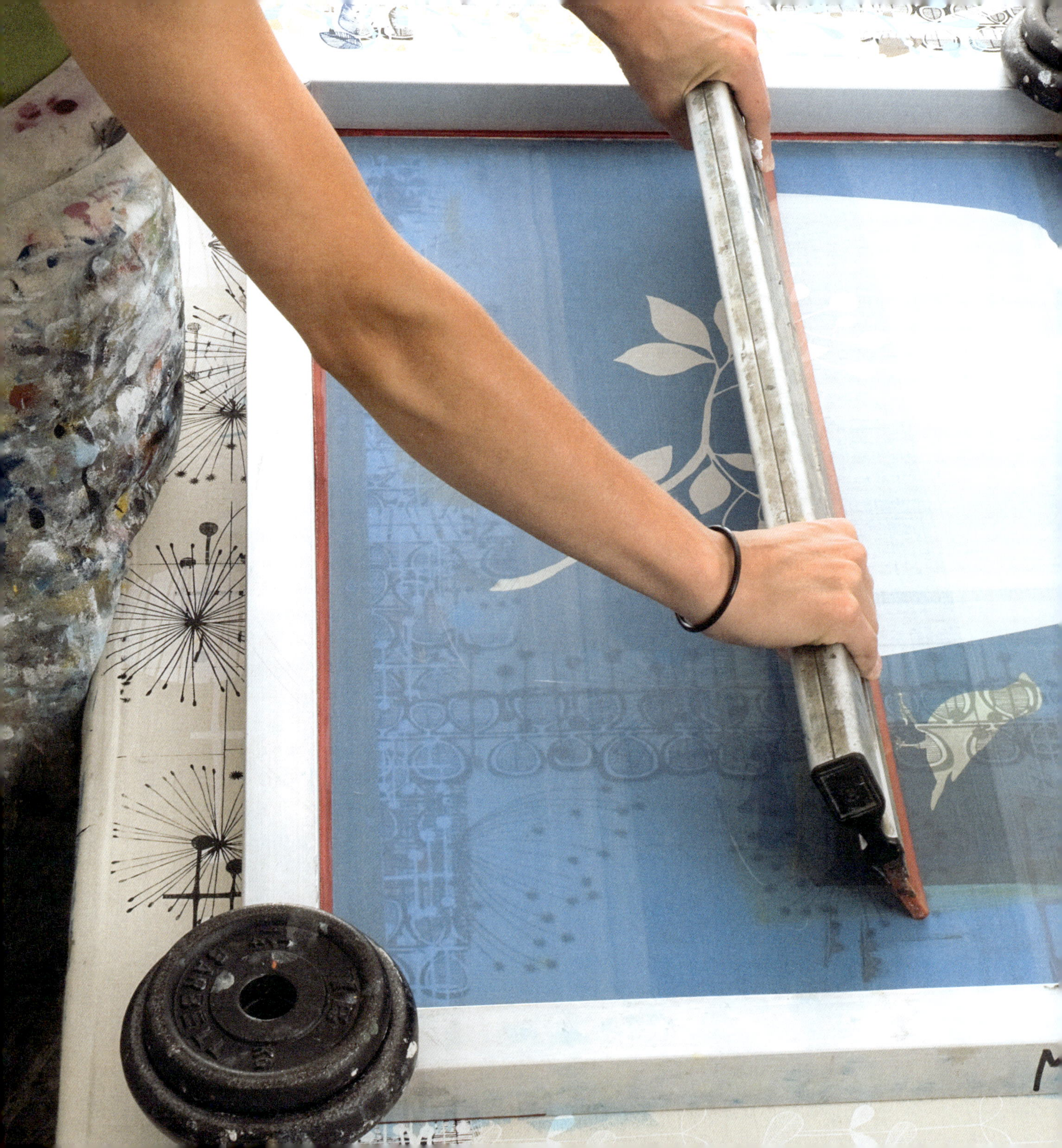

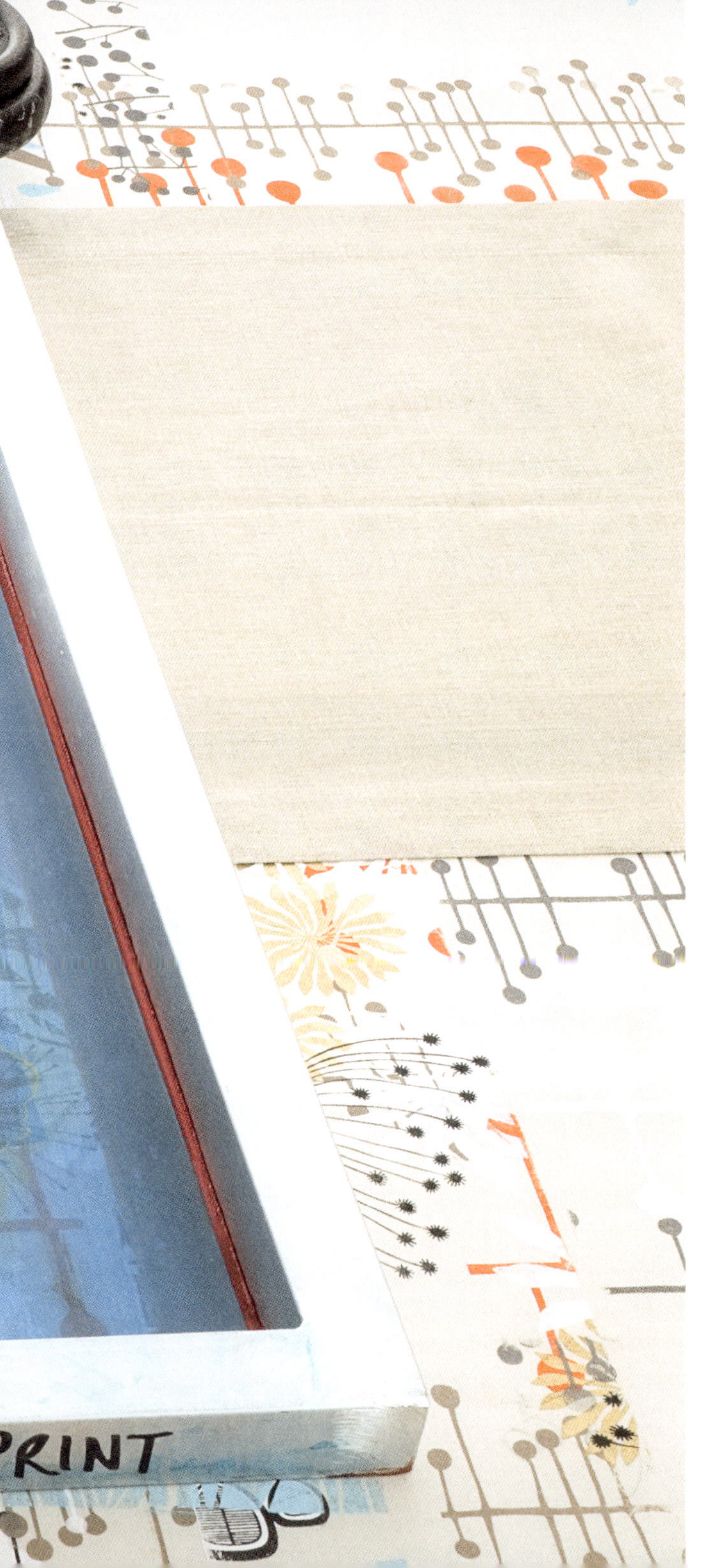

Nützliche Tipps

- Wählen Sie Kreppband zum Abkleben der Fugen zwischen Rahmen und Sieb, damit keine Tinte zwischen Bespannung und Rahmen sickern kann. Kreppband ist dafür optimal, da andere Abdeckbänder Kleberreste hinterlassen können, die nur schwer zu beseitigen sind und das Sieb beschädigen können.

- Versuchen Sie zu experimentieren. Kombinieren und überdrucken Sie verschiedene Motive miteinander.

- Sieht Ihr Entwurf mehr als eine Farbe vor, benötigen Sie für jede einzelne Farbe oder andersfarbige Schicht eine eigene Siebdruckform oder müssen bei einem großen Rahmen einen gesonderten Bereich benutzen.

- Die Tinte des ersten Drucks muss unbedingt trocken sein, ehe Sie eine zweite Farbe/Farbschicht auftragen.

- Um gute Ergebnisse beim Überdrucken zu erhalten, müssen Sie stets mit der hellsten Farbe beginnen und dann immer dunkler werden.

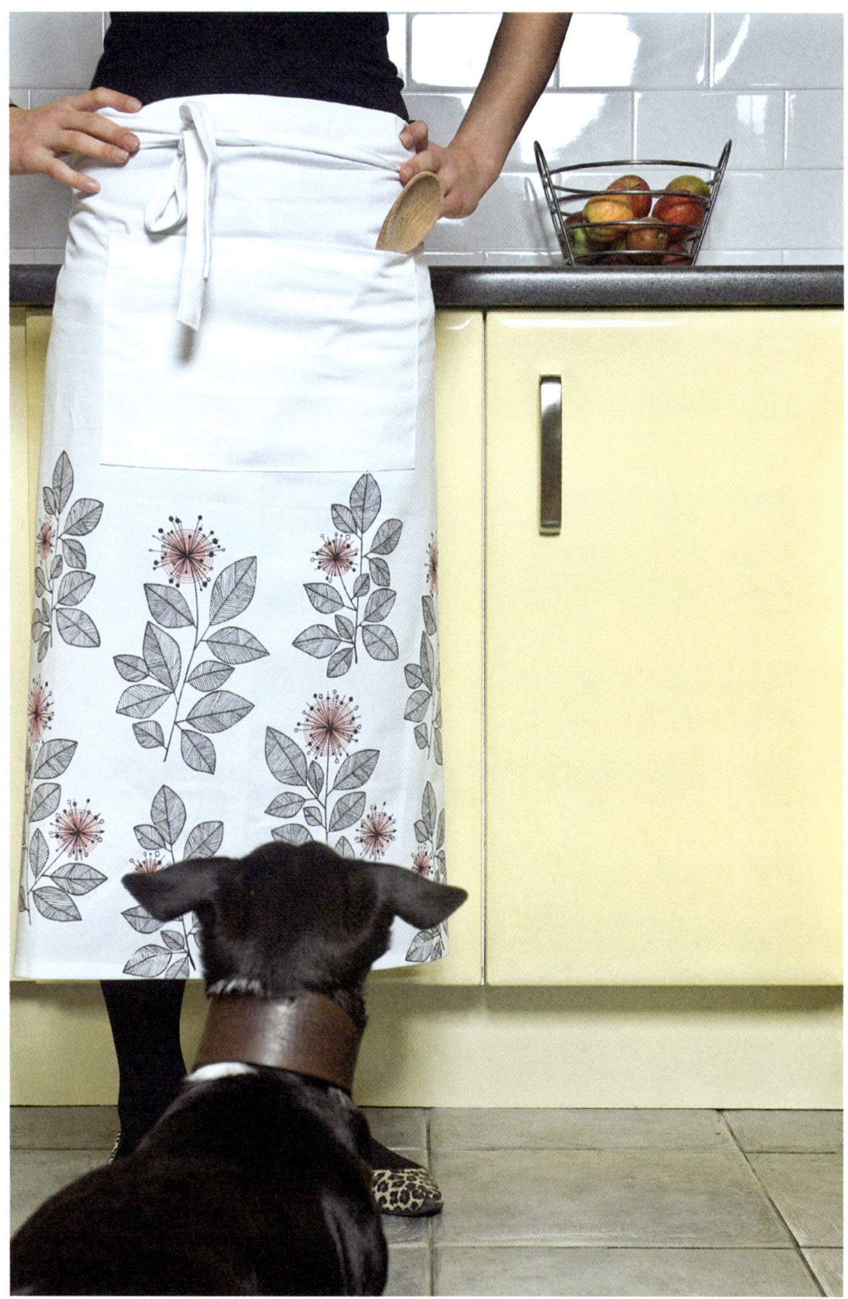

SCHÜRZE Mit einer handbedruckten Schürze ist der Nachmittagskaffee auch optisch eine heiße Sache.

TISCHLÄUFER UND SERVIETTEN Warum möbeln Sie einen schlichten Tischläufer mit passenden Servietten nicht einfach auf? So sorgen sie bei einem Essen mit lieben Gästen zu jeder Tageszeit für das gewisse Etwas.

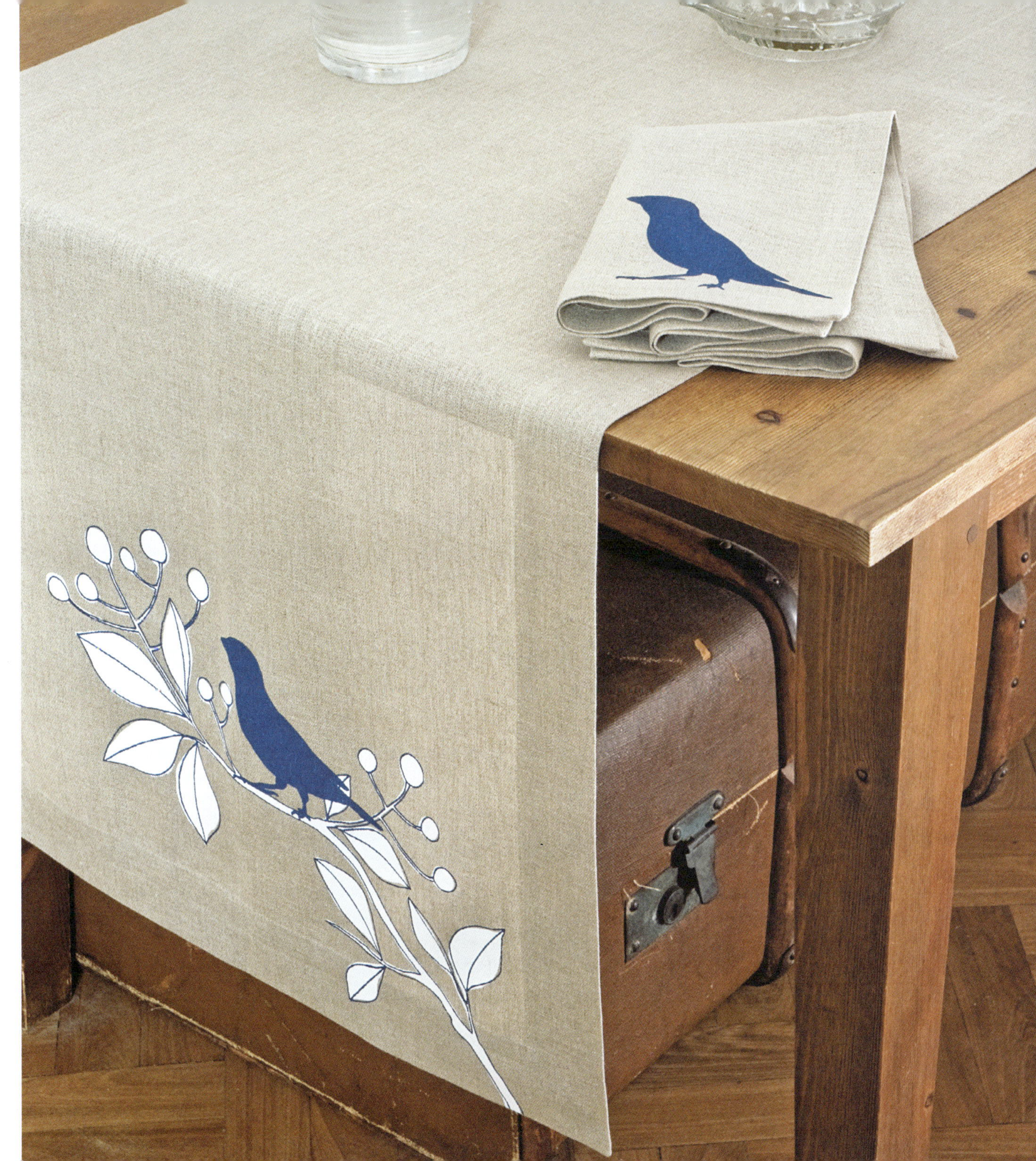

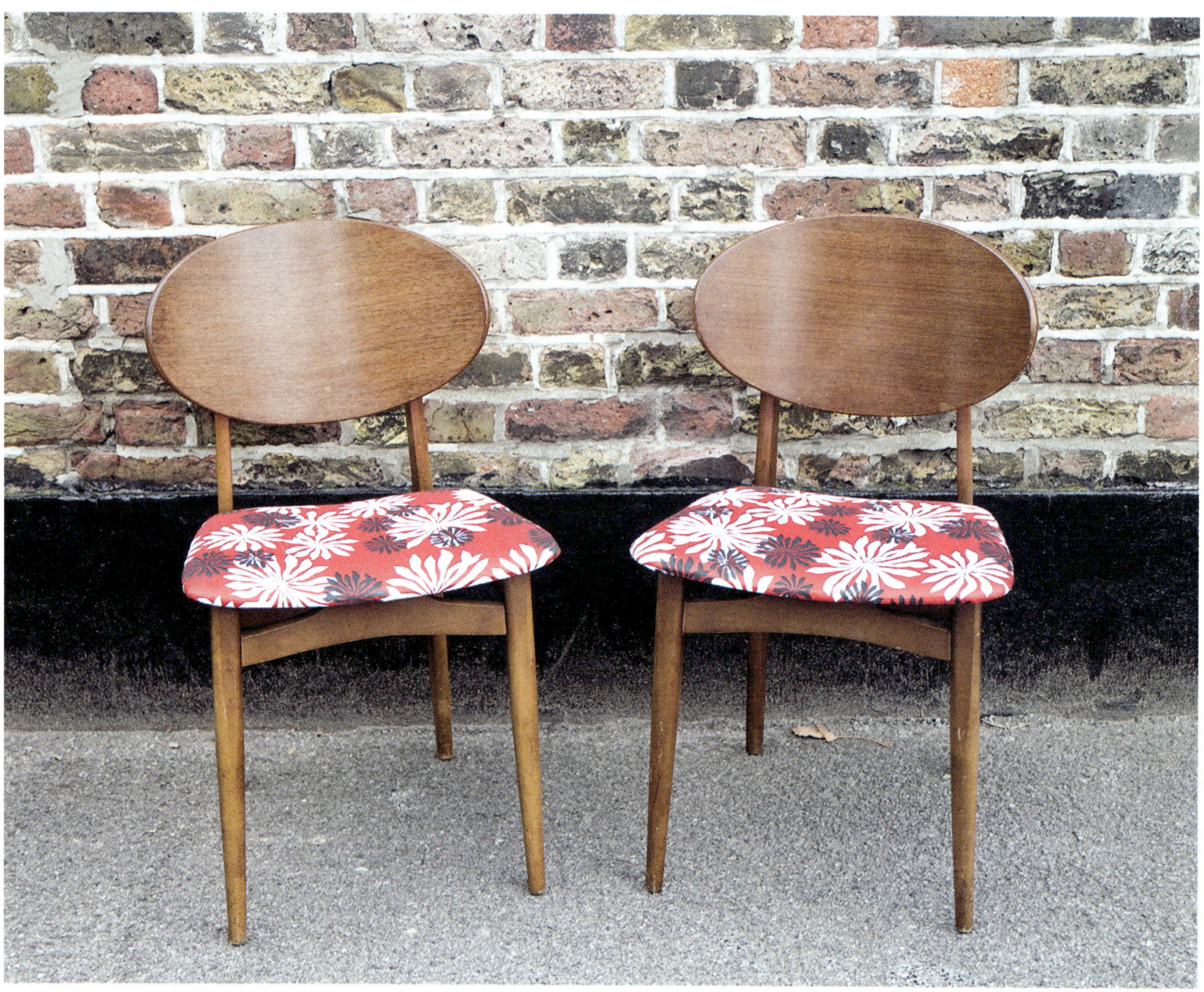

ALTE STÜHLE Erwecken Sie doch alte Stühle mit einem neuen Bezug aus handbedrucktem Stoff wieder zum Leben! Nehmen Sie den alten Bezug ab und verwenden Sie ihn als Schablone. Schneiden Sie den Stoff zu, bedrucken Sie ihn und befestigen ihn dann einfach mit Heftklammern oder Reißzwecken.

ALTES SOFA Wenn Sie den Siebdruck erst einmal beherrschen, sind Sie vielleicht bereit für ein aufwendigeres Projekt. Hier haben wir einfach ein großes Stück Stoff bedruckt und alles Weitere einem professionellen Polsterer überlassen. Dieser kann Sie auch hinsichtlich des Stoffbedarfs beraten.

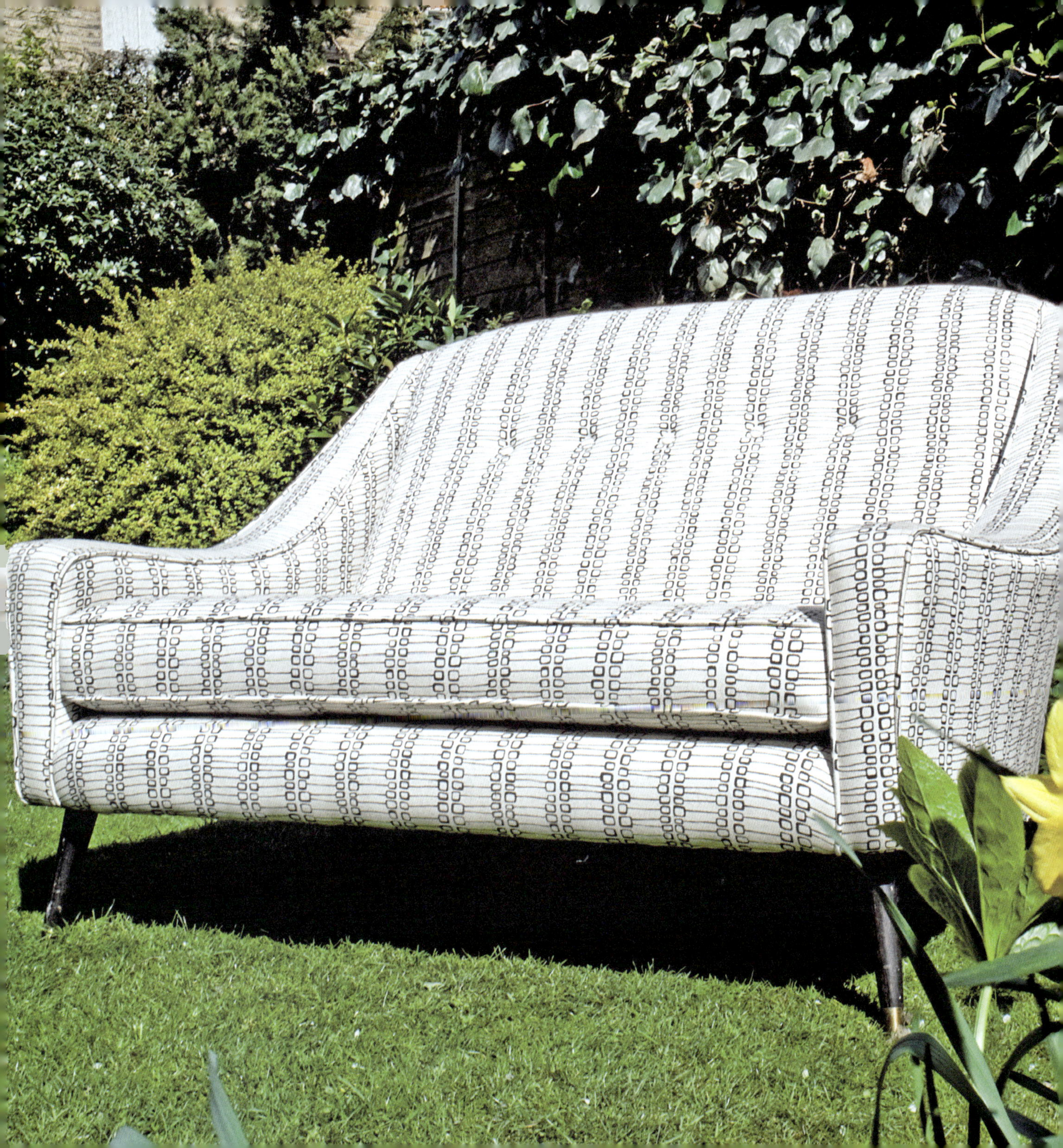

SCHABLONEN

Auf den folgenden Seiten finden Sie sieben Schablonen, die Sie so, wie sie sind, zum Drucken und für die Anfertigung Ihrer eigenen Muster verwenden können. Dabei bleibt es Ihnen überlassen, ob Sie sie ausschneiden oder kopieren oder einfach nur als Anregung für eigene Entwürfe nutzen wollen.

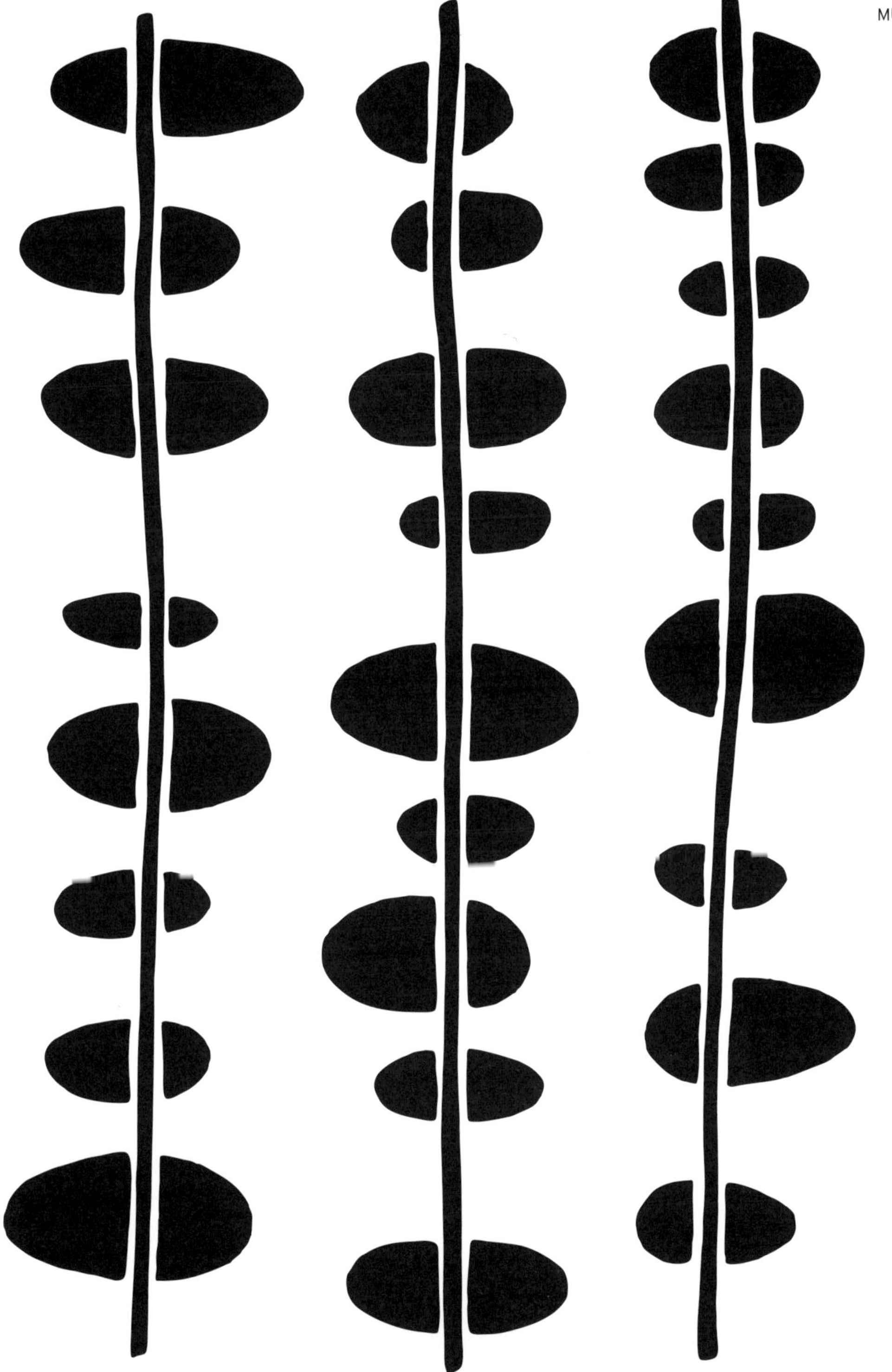

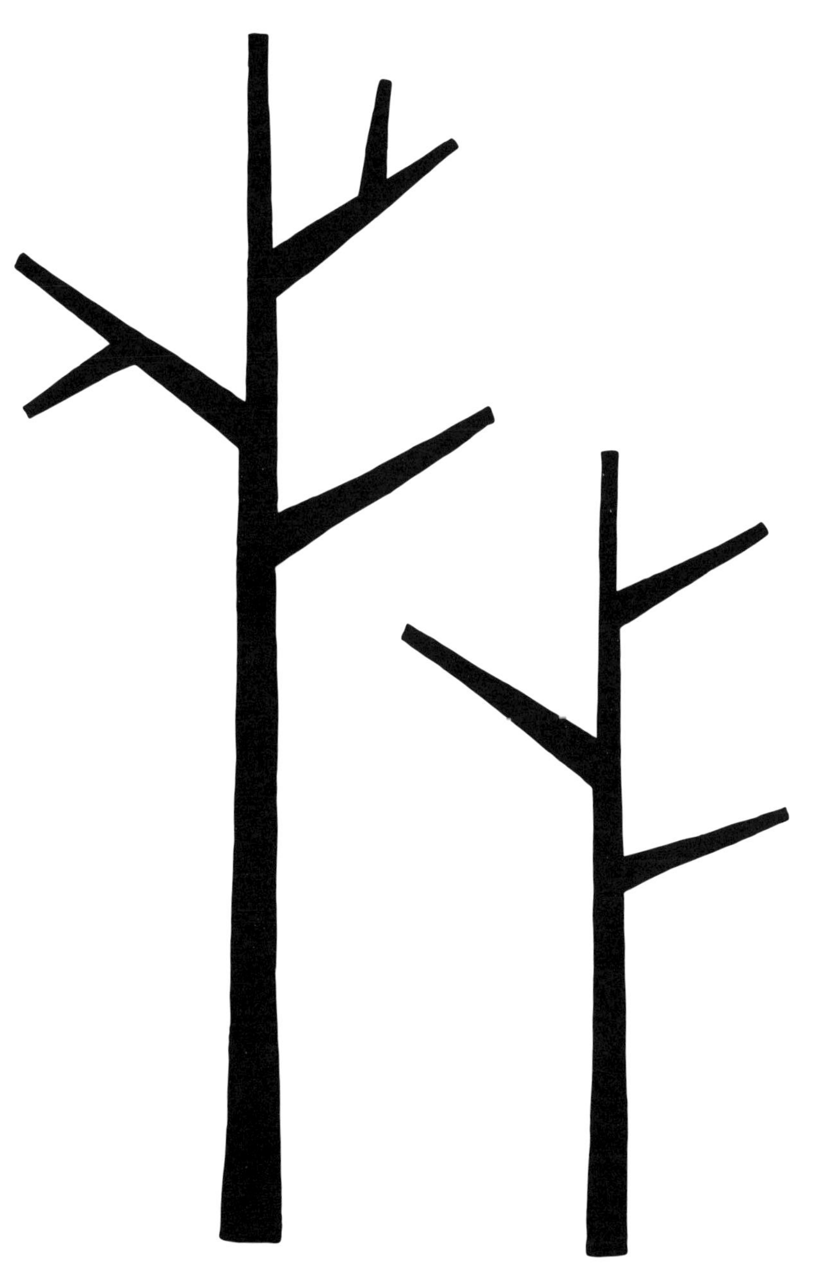

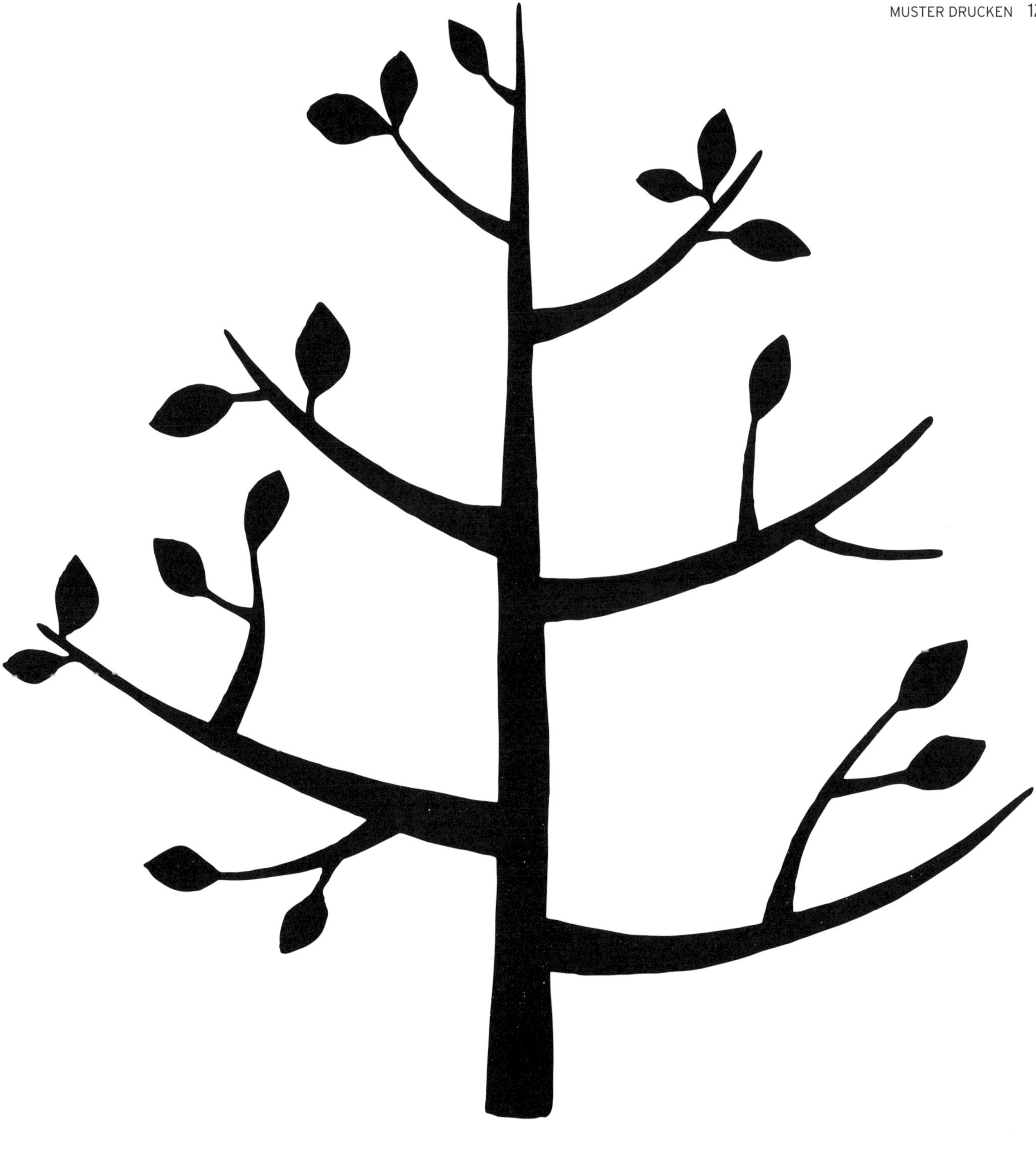

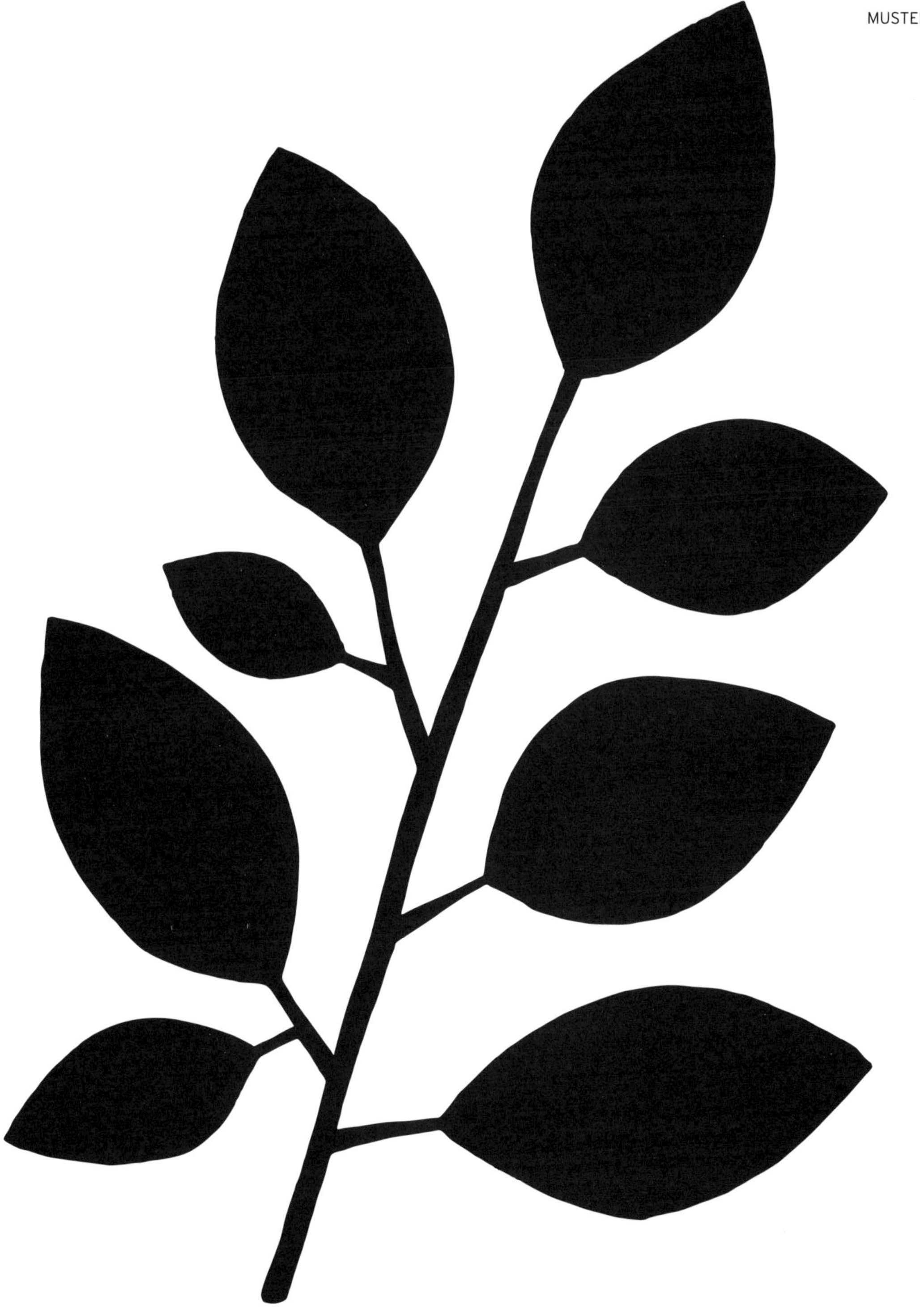

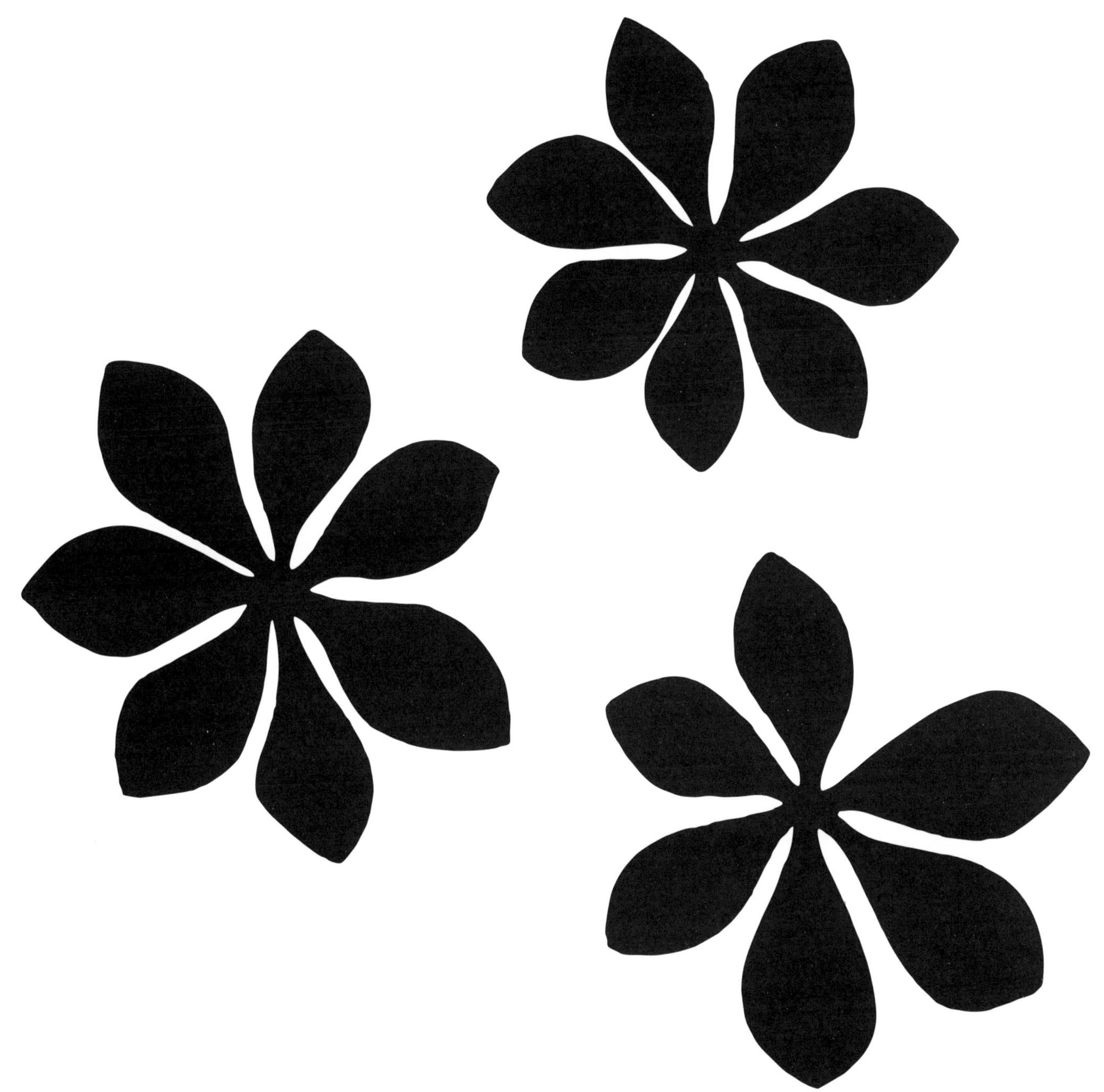

BEZUGSQUELLEN

DEUTSCHLAND

Boesner Versandservice GmbH
Gleiwitzer Straße 2
58454 Witten
www.produkte.boesner.com
E-Mail: kontakt@boesner.com
Führt alle Materialien für die im Buch vorgestellten Techniken mit Ausnahme von Siebdruckzubehör, Stempeln und Posamenten

Carta Pura
Schellingstraße 71
80799 München
www.cartapura.de
E-Mail: info@cartapura.de
Papierladen für hochwertige Papiere und Werkzeuge zum Buchbinden.

Farben-Frikell Berlin GmbH
Tempelhofer Weg 101
12347 Berlin
www.farben-frikell.de
E-Mail: Berlin@Farben-Frikell.de
Großes Angebot an Siebdruckzubehör, Siebdruckrahmen (auf Anfrage auch Sondermaße und Sonderanfertigungen möglich), Spanndienst

Hobbyshop Wilhelm Ruether
GmbH & Co. KG
Goltzstraße 37
10781 Berlin
www.hobbyshop.de
E-Mail: webinfo@hobbyshop.de
Zubehör für Linoldruck und großes Sortiment an Bastelmaterialien

KnoepfeVersand.de
Valesistraße 21
82285 Hattenhofen
www.knoepfeversand.de
E-Mail: info@knoepfeversand.de
Versand für ungewöhnliche Knöpfe, Schließen, Borten und Bänder

Modestoffe Hemmers GmbH
Rheiner Hof 4
48527 Nordhorn
www.stoffe-hemmers.de
E-Mail: service@stoffe-hemmers.de
Versand für Bekleidungsstoffe, Filz, Seide, Bastelstoffe und Dekorationen und Zubehör

Modulor GmbH
Gneisenaustraße 43
10961 Berlin
www.modulor.de
E-Mail: info@modulor.de
Riesige Auswahl an Bastel- und Künstlerbedarf, Papieren, Werkstoffen etc.

Panenka Design Produkte München
Hauptstraße 7a
85649 Otterloh
www.patchworkshop.de
E-Mail: mail@patchworkshop.de
Große Auswahl an Siebdruckzubehör, Stofffarben, Metallfolien, Glitzer etc.

Posamenten-Shop
Heddernheimer Landstraße 151
60439 Frankfurt am Main
www.posamentenshop.de
E-Mail: info@posamenten-shop.de
Große Auswahl an Posamenten (Applikationen, Borten, Spitzen, Bänder, Knöpfe, Posamentenverschlüsse und Dekorationen)

StempelBar Bathke GbR
Weimarer Straße 17
10625 Berlin
www.stempelbar.de
E-Mail: info@stempelbar.de
Alle gängigen Stempel, riesige Auswahl an Motivstempeln. Stempel können online bestellt und gestaltet werden.

Stoffkontor
ATM Handel & Service GmbH
Bahnhofstraße 71
21423 Winsen (Luhe)
www.stoffkontor.eu
E-Mail: info@stoffkontor.eu
Versand für Stoffe und Meterware

ÖSTERREICH

Huber & Lerner
Weihburggasse 4
1010 Wien
www.huber-lerner.at
E-Mail: office@huber-lerner.at
Papeterie, Druckservice und Lederwaren

mastnak
Neubaugasse 31
1070 Wien
www.mastnak.at
E-Mail: mastnak.papier@vienna.at
Papeterie und Bürobedarf

SCHWEIZ

Boesner GmbH
· Suhrenmattstraße 31
5035 Unterentfelden
E-Mail: info@boesner.ch
· Chräjeninsel 21
3270 Aarberg
E-Mail: info@boesner-west.ch
· Murgtalstraße 20
9542 Münchwilen
E-Mail: info@boesner-ost.ch
www.boesner.ch
Führt alle Materialien für die im Buch vorgestellten Techniken mit Ausnahme von Siebdruckzubehör, Stempeln und Posamenten

Gerstaecker Schweiz AG
Gallusstraße 81
4603 Olten
www.gerstaecker.ch
E-Mail: bestellung@gerstaecker.ch und commande@gerstaecker.ch
Führt alles rund um den Künstlerbedarf, aber auch für die kreative Gestaltung als Hobby

Lachenmeier Farben
· Clarastraße 48
4058 Basel
· Aarbergergasse 56
3001 Bern
· Josefstraße 29
8005 Zürich
www.lachenmeierfarben.ch
E-Mail: farben@lachenmeier.net
Führt Farben für alle Künstlertechniken und bietet Rahmenservice an

Zumstein
Rennweg 19
8001 Zürich
www.zumstein.ch
E-Mail: info@zumstein.ch
Papeterie, Büro- und Künstlerbedarf

DANK

Dieses Buch wäre ohne unsere Fotografin Sophie nie möglich gewesen, die unzählige Stunden mit dem Versuch verbracht hat, unsere Vorstellungen in Bildern einzufangen.

Unser ganz besonderer Dank gilt Lee und Chris für die viele Arbeit, die sie geleistet haben, sowie für ihre Unterstützung und ihren Rat.

Außerdem bedanken wir uns herzlich bei Beejal, die uns bei einigen unserer Projekte geholfen hat.